Leopold Katscher
**Bertha von Suttner,
die „Schwärmerin" für Güte**

SE**V**ERUS

Katscher, Leopold: Bertha von Suttner, die „Schwärmerin" für Güte
Hamburg, SEVERUS Verlag 2013
Nachdruck der Originalausgabe von 1903

ISBN: 978-3-86347-416-4
Druck: SEVERUS Verlag, Hamburg, 2013

Der SEVERUS Verlag ist ein Imprint der Diplomica Verlag GmbH.

Bibliografische Information der Deutschen Nationalbibliothek:
Die Deutsche Nationalbibliothek verzeichnet diese Publikation in der Deutschen Nationalbibliografie; detaillierte bibliografische Daten sind im Internet über http://dnb.d-nb.de abrufbar.

© **SEVERUS Verlag**
http://www.severus-verlag.de, Hamburg 2013
Printed in Germany
Alle Rechte vorbehalten.

Der SEVERUS Verlag übernimmt keine juristische Verantwortung oder irgendeine Haftung für evtl. fehlerhafte Angaben und deren Folgen.

SEVERUS

Bertha von Suttner,

die „Schwärmerin" für Güte.

Von

Leopold Katscher,

Verfasser von „Charakterbilder a. d. 19. Jahrh." u. s. w.

„Dieses Weib ist ein ganzer Mann."
(Dr. Ellbogen.)

Mit Porträts, Illustrationen u. einer Auswahl von Gedankenperlen.

Inhaltsverzeichnis.

I. Biographisches 1
II. Eheglück 11
III. Die älteren Schriften 17
IV. Die Friedensfee 40
V. Die neueren Werke 66
VI. Allgemeine Würdigung 82

Anhang:

1. Gedankenperlen aus Bertha von Suttners Werken 93
2. Selbstbekenntnis. Von Bertha von Suttner . . 114
3. Unter der Friedenspalme. Von Berta Katscher 119
4. Bibliographisches. Zusammengestellt von Leopold Katscher 127

BERTHA
Freifrau v. Suttner geb. Gräfin Kinsky
1872

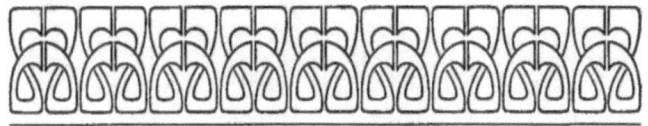

I.

Biographisches.

Bertha von Suttner wurde am 9. Juni 1843 in Prag als Tochter des Feldmarschalls Grafen Kinsky geboren. Ein grosser Teil der Lesewelt hält die prächtig gezeichnete Figur des Feldmarschall-Leutnants Grafen Althaus in „Die Waffen nieder!" für das Ebenbild des Vaters der Verfasserin — mit Unrecht, denn sie verlor ihn schon wenige Monate nach ihrer Geburt und konnte ihn daher nicht porträtiren. Die Mutter, die der Familie Theodor Körners angehörte, war dichterisch begabt und schenkte der Welt ein Bändchen tiefempfundener Poesien. Die verwitwete Gräfin Sofie machte ihr einziges Töchterlein zu ihrem Abgott und verwendete auf dessen Erziehung und Ausbildung die liebevollste Sorgfalt. Nach ihrer Übersiedlung nach Brünn, wo Bertha den grössten Teil ihrer Kindheit verbrachte, stellte sie gleichzeitig zwei Gouvernanten an: eine Engländerin und eine Französin; das legte den Grund zu den grossen Sprachkenntnissen der nachmaligen Baronin. Bertha sang schön und trieb sehr viel Musik*), oft spielte sie täglich sechs Stunden lang Klavier. Auch sonst war sie ungemein lernlustig — bei jungen Aristokratinnen eine Seltenheit! — und fand am Lesen von Dichtungen, Romanen oder wissenschaftlichen Werken weit mehr Vergnügen als an Puppen und anderen kindlichen Spielen.

Sie hatte auch sehr wenig Umgang mit Mädchen gleichen Alters; nur mit ihrer Cousine Elvira Tiefenbacher, deren Wissensdurst den ihrigen noch übertraf — sie war die Waise eines Gelehrten — verkehrte sie bis zu deren frühem Tode aufs intimste. Diese begabte Jugendfreundin säete in Berthas Geist den Keim zur späteren literarischen Tätigkeit. Dass die beiden Mädchen statt mit Puppen mit Klassikern spielten und zum Vergnügen in der von Elviras Vater hinterlassenen philosophischen Büchersammlung wühlten, dürfte wohl zuerst jene Denkfreudigkeit angeregt haben, die sich in den Schriften der Suttner allenthalben geltend macht. Elvira begann schon mit zwölf Jahren zu dichten, und ihre Verse zeigten eine Reife, die selbst dem strengen Grillparzer Bewunderung abnötigte. Dass auch Bertha frühzeitig mit Apollo kokettierte — zu einem ernsten Verhältniss kam es freilich nicht — unterliegt keinem Zweifel: trotz ihres schüchternen Leugnens und einer offenbar auf sie selbst gemünzten Äusserung in ihrem „Inventarium einer Seele": „Ich bin kein Dichter. Ich spreche gern

---

*) Später waren die Marchesi (Wien) und Duprez (Paris) ihre Lehrer.

alles aus, was ich denke und nur was ich denke, und das ist nur in Prosa möglich. Sobald man die Sprache in rhythmische Tanzbewegung gebracht hat, ist's mit dieser absoluten Aufrichtigkeit vorbei; man muss gar vieles Gedachte ungesagt lassen, weil es durchaus nicht reimen will. Ärger noch: die fatalen Reime rufen unterwegs Gedanken herbei, die nicht aus der Sache selbst, sondern aus den jeweiligen Wortverrenkungen hervorsprühten". Übrigens muss sie schon frühzeitig auch Prosa geschrieben haben; es lässt sich doch nicht annehmen, dass sie nachmals, etwa mit fünfunddreissig Jahren, minervagleich in die Literatur sprang. Sie selbst gibt allerdings nur zu, als elfjähriges Kind die ersten fünfzehn Zeilen eines von ihr geplanten dreibändigen Geschichtsromans und als Backfisch eine im Monde spielende kurze Erzählung geschrieben zu haben. Die letztere wurde auch veröffentlicht — in einer Zeitung, doch wissen wir nicht: in welcher — wird aber von der Verfasserin seit Jahrzehnten als "überirdischer Unsinn" betrachtet.

Ihre Einführung in die Welt erfolgte in dem damals noch österreichischen Venedig, wo man sie wegen ihrer Schönheit und ihres Geistes sehr feierte. Später bereiste sie mit Mutter und Bruder Italien, Frankreich und Süddeutschland. In Paris schloss sie enge Freundschaft mit der Fürstin von Mingrelien und ihrer Tochter, der nachmaligen Prinzessin Murat. 1875 lernte sie in Baden-Baden Kaiser Wilhelm I. kennen, der gern mit ihr plauderte, weil ihre Anmut und ihre glänzender Verstand ihn fesselten. In Wundsams "Buch des

Friedens" (1896) hat sie den folgenden, an sie gerichteten Brief des greisen Herschers veröffentlicht:

Baden-Baden, 23. Okt. 1868.

Soeben empfange ich Ihre etwas bessere Photographie, gnädige Comtesse, als die, welche Sie gestern so gütig waren, mir zuzustellen. Indem ich meinen aufrichtigsten Dank hiermit aussprechen darf, muss ich denselben auch und zwar noch weit inniger für die liebenswürdigen Zeilen aussprechen, welche die Photographie begleiten. In dem Passus von der Eroberung scheint sich ein Fehler eingeschlichen zu haben, indem Sie wohl sagen wollten, dass Sie sehr wohl wüssten, eine Eroberung gemacht zu haben, und zwar die eines zweiundsiebzigjährigen Greises, dessen Sentiments oft noch sehr lebhafte Eindrücke aufnehmen, namentlich wenn sie durch vis-à-vis, wenn auch nur zu selten, unterhalten werden. Mich Ihrem fernern Andenken angelegentlichst empfehlend, verbleibe ich, gnädige Comtesse,

Ihr sehr ergebener

Wilhelm Rex.

Noch ziemlich jung hatte Bertha sich mit dem Prinzen Adolf Wittgenstein verlobt, der, gleich ihr, ein leidenschaftlicher Sänger war. Er machte eine Fahrt nach Amerika, um dort als Tenor Konzerte zu geben, starb aber unterwegs. Der Tote wurde ins Meer versenkt, auf dem Herzen das Bildnis seiner Braut, welches er den Mitreisenden oft mit Stolz und Liebe gezeigt hatte. Es dauerte viele Jahre, bis die Herzenswunde der schönen Comtesse heilte und die österreichische Aristokratie von der Nachricht ihrer, am 12. Juni 1876 stattgefundenen Vermählung mit dem um sieben Jahren jüngern Arthur Gundakkar Freiherrn von Suttner überrascht wurde. Es war eine romantische Liebesheirat, ein „Streich" — gegen den Willen „seiner" Eltern und „ihrer" Mutter, die ihre Zustimmung verweigert hatten, weil sie mit ihren Kindern ganz andre Absichten hegten. Um allen Unannehmlichkeiten zu entgehen, liessen sie sich heimlich trauen und machten ihre Hochzeitsreise — die Suttner nannte es „Hochzeitsflucht" — nach einem für österreichischische Paare recht ungewöhnlichen Ziel: dem Kaukasus; hierzu liessen sie sich durch das bereits erwähnte Freundschaftsverhältnis der jungen Frau zur mingrelischen Fürstenfamilie bewegen. Nach kurzem Aufenthalt bei dieser lebte das Pärchen abwechselnd in verschiedenen Städten, Dörfern und Weilern der Provinzen Imeretien, Georgien und Gurien — je nachdem der Beruf des Gatten es erforderte.

Und er musste den Beruf mehrmals wechseln, denn es fiel ihm schwer, genug zu verdienen. Er war bald Ingenieur, bald Bauzeichner, bald Krigskorrespondent etc. und die Baronin musste mithelfen durch Gesang- und Klavier- oder Sprachstunden. Die der Broterwerbs-Arbeit Ungewohnten schlugen sich, keine Anstrengung scheuend, schlecht und recht durch — mit bewundernswertem sittlichen Ernst hart arbeitend und dabei heiter, „getragen durch das Glück ihrer Neigung", um mit Heinrich Glücksmann zu sprechen, „ein paar Kinder, die mit nackten Füssen über spitze Steine hüpfen und der Schmerzen lachen, weil das Spiel sie freut". Die Küche besorgte Bertha selbst, statt eines beständigen Dienstmädchens wurde aus Sparsamkeit nur eine Bedienerin gehalten und die Beiden verstanden es — er mit seinem praktischen Verstand, sie mit ihrer weiblichen Fürsorge — sich ihre Weltabgeschiedenheit recht behaglich zu gestalten. Wie oft liessen sie beim geliebten Samowar und den noch geliebteren Zigaretten alle Fünf gerade sein!

Schliesslich kamen die Leutchen auf den Gedanken, es mit der Literatur zu versuchen, und die Schriftstellerei erwies sich für beide wirklich viel einträglicher und dabei angenehmer als die früheren Beschäftigungen. Jahrelang verschickte der Baron unter dem Pseudonym „A. G. Lerei", die Baronin unter „B. Oulot" Romane, Erzählungen, Skizzen, ethische Artikel und schönwissenschaftliche Plaudereien an hervorragende deutsche und österreichische Blätter, zu allererst an die „Presse", die „Neue illustrirte Zeitung", „Über Land und Meer" und „Die Gartenlaube", und stets fanden die Einsendungen bei den Redaktionen freudigen Anklang. Ganz köstlich schilderte vor einigen Jahren einer der ersten Entdecker von Berthas Talent, Balduin Groller, wie sie mit der Wiener „Neuen Illustrirten" in Verbindung kam; ein Teil seines betreffenden Feuilletons („Oxymoron") möge hier Platz finden:

Ich waltete meines Amtes als Redakteur einer grossen belletristischen Zeitschrift. Diese Flut von meist recht talentlosen Manuskripten, die alle gelesen sein wollten!

Zwischendurch wie in einem weitläufigen, langweiligen Kuchen spärliche Rosinen, die seltenen Gaben des Talents. Einmal gab es einen besonderen redaktionellen Festtag; ich hatte eine grosse Rosine gefunden, eine Arbeit von merkwürdiger Tiefe und Feinheit und ganz unvergleichlicher Anmut der Darstellung. Das war eine Freude, ein förmlicher Rausch — ein neues Talent: das ist doch nichts Geringes! Vor allen Dingen — wie heisst der Mann? B. Oulot — merkwürdiger Name, aber die Welt wird sich bald an ihn gewöhnen. Die Merkwürdigkeiten waren damit noch nicht abgeschlossen. Ich nehme das Begleitschreiben noch einmal zur Hand. Wo lebt der Mann und was treibt er sonst? Eine russische Briefmarke: der Brief ist aus Zugdidi, Gouvernement Kutais, datirt ... Und da steht auch eine Bitte um Nachsicht, da es sich um ein Erstlingswerk handelt. Das auch noch! Ein Meisterwerk war es, und der es schuf, war ein Künstler von Rang. Ich veranlasse sofort schleunigste Honorarsendung, um den neuen Mitarbeiter in guter Stimmung zu erhalten, und schreibe unter rückhaltloser Anerkennung der ersten Arbeit eine dringende Bitte um weitere Beiträge. Diese kamen denn auch, und meine Freude und mein Staunen wuchsen nur noch. Die erste Arbeit war also für den Verfasser kein zufälliger Fund, nicht bloss ein glücklicher Wurf gewesen; da stand eine Persönlichkeit dahinter, ein Vollmensch, der eine ganze Menge zu sagen hatte, Neues und Schönes. Da gab es eine wissenschaftliche und philosophische Beschlagenheit, wie nur bei irgend einem Universitätsprofessor, dabei aber eine Grazie, künstlerische Feinheiten, dichterische Erhebungen, lodernde Flammen, dann wieder kühlende Ironie, über alles triumphirender Humor, einfach bezaubernd — nein, wahrhaftig, ein Universitätsprofessor war das nicht.

Wir kamen ins Reden miteinander, natürlich brieflich. Wir wurden garnicht fertig mit dem, was wir uns zu sagen hatten. Wir gerieten bei solchem Gedankenaustausch auf so viel Gesinnungsgemeinschaft in Kunst und Leben, dass es einfach Unsinn gewesen wäre, sich da noch mit gesellschaftlichen Floskeln herumzuschlagen, wir begannen uns als zwei gute Kameraden zu duzen. Bruderherz hin, Bruderherz her — einmal muss ich mich in einer Frage, die unter die damals allerdings noch nicht aufgerollte lex Heinze gefallen wäre, doch so kräftig und unzweideutig ausgedrückt haben — unter Kameraden nimmt man es ja nicht so genau —, dass eine Abwehr angemessen erscheinen mochte. Sie erfolgte in sehr feiner, ganz unauffälliger Weise. Die Schlussformel des nächsten Briefes lautet nämlich: Deine ergebene —."

Ich war wie vor den Kopf geschlagen. Also B. Oulot ist ein Frauenzimmer — wer hätte das dem Mann zugetraut! Ich forderte Aufklärung und erhielt sie. B. Oulot war — Baronin Bertha von Suttner, geborene Gräfin Kinsky. Na, auch gut. Ich habe ihr das weiter nicht übel genommen und zu ändern war es auch nicht mehr.

Nach vielen schönen Erfolgen mit Zeitschriftenbeiträgen liess die junge Frau — ebenfalls pseudonym — einige Bücher erscheinen, die jeweilig sofort durch ihre Vorzüge Aufsehen machten, vor allem das gedankentiefe, graziöse „Inventarium einer Seele" (1878). Gleichsam im Handumdrehen waren sie und ihr Gatte Berufsschriftsteller geworden, die sich ohne fremden Beistand, ohne jede „Protektion" zur vollen Geltung brachten und die Wahrheit erhärteten, dass Talent die beste Empfehlung ist. Nun hatte es mit der Not ein Ende und man konnte sich noch eingehender und mit mehr Musse als früher den geliebten naturwissenschaftlich-philosophischen Studien hingeben. Mit besondrer Vorliebe warf sich die Baronin auf die Werke von Darwin, Buckle und Herbert Spencer, deren Einfluss sich denn auch in vielen ihrer Schriften — am meisten in den besten — vorteilhaft geltend macht. Nicht lange nach dem Tode ihrer Mutter (1884) kehrte sie 1885 mit ihrem „A. G.", wie sie ihn gewöhnlich nannte, nach Europa zurück. Mit den alten Suttners ausgesöhnt, verlegte das Paar, welches sich einen neuen Adel, den des Ruhmes, erschrieben hatte, seinen ständigen Wohnsitz auf das Suttner'sche Stammschloss Harmannsdorf bei Eggenburg im niederösterreichischen „Waldviertel". Dort lebte es in idealer Gemeinschaft, zwei Herren dienend: der Literatur und der leidenden Menschheit, und zwar der letzteren sehr oft durch die erstere.

Über Harmannsdorf entwarf ein „Interviewer" vor etwa zehn Jahren die folgende Schilderung:

„Das ist ein altes Schloss der Khuenringer, von dessen hoher Warte der Herold einst die Ebene beherrschte, wenn er Kunde von naher Beute geben sollte. Hof- und Burggraben und weite altmodische Räume mit verschwommenen Bildern und verzierter Decke geben ein gar liebes Bild vom Ritterprunk verflossener Jahrhunderte. Durch die festen Steinmauern kommt spät und spärlich die Sonne, die weiten Zimmer sind kalt, und die üppigen Rosen auf den Tischen, der duftende Jasmin sind wie Lügen aus fremder Erde. Im Arbeitszimmer an einem schmalen Pult schreibt die Baronin. Der grosse Schreibtisch nächst dem Fenster, von dem man durch allzu üppige Weinranken nach dem Garten sieht, ist ihrem Gemahl eigen, und ihm gegenüber an dem unbequemen Pult ist ihr Platz seit Jahren."

Als die Beiden einige Monate nach ihrer Rückkehr auf dem Berliner Deutschen Schriftstellertag erschienen (Oktober 1885), wo auch ich ihre Bekanntschaft machte, erregten sie allgemeinstes Aufsehen — waren sie doch ein schönes, elegantes Paar mit interessanter Vorgeschichte und bereits bedeutendem Namen!

Leider nahm diese Ehe-Idylle durch den am 10. Dezember 1902 erfolgten Tod des prächtigen, liebenswerten „A. G." ein jähes Ende. Seit Jahren kränkelnd, wurde der Baron von einem schweren Leberleiden dahingerafft, betrauert nicht nur von seiner ihn anbetenden Gattin, sondern auch von einem ausgedehnten Freundeskreis nnd von den Förderern ethischer Bestrebungen in ganz Europa, denn er war ein rastloser, unerschrockener, tapferer, wackerer Menschenfreund gewesen. In dieser Beziehung ist für ihn auch sein Testament bezeichnend, in welchem er u. a. seine Witwe dringend auffordert, um der Trauer um ihn willen nicht den Menschheitsdienst zu vernachlässigen, sich diesem vielmehr mit verdoppelter Entschlossenheit zu widmen.

II.

Ehegluck.

Ein Eheglück wie das Suttner'sche ist weit entfernt etwas Häufiges zu sein. Ihre Liebe war keine gewöhnliche zwischen Frau und Mann — sie war auch eine geistige. Eins liebte an dem andern Herz, Seele und Kopf. Zur Idealität ihres, nebenbei bemerkt: kinderlos gebliebenen Verhältnisses trug zweifellos die Gesinnungsgleichheit sehr viel bei. Josef Ettlinger schreibt: „Die gemeinsame Vorliebe für naturwissenschaftliche Studien, das harmonische Zusammenstimmen der Anschauungen und Ziele hat ihre Ehe zu einem Verhältnis der idealsten Wahlverwandtschaft werden lassen, wie sie vielleicht nur wenigen glücklichen Sterblichen beschieden ist." Durch die gleichen Überzeugungen und Tendenzen geeint, lebten diese zwei hochsinnigen Menschen sich mit bewundernswerter Hingabe an höhere ethische Zwecke aus, unbeirrt und oft mit ausserordentlicher Selbstverleugnung den Blick aufs Ziel gerichtet. Bei alledem liessen sie sich's nie beifallen, zu „kollaborieren", was bei der scharf ausgesprochenen Eigenart ihrer individuellen Begabung denn auch nicht ohne Schädigung ihrer Originalität hätte geschehen können. Jedes las die Arbeiten des andern erst im Druck. Im übrigen hingen sie so sehr aneinander, dass sie kaum je einen Tag ohne einander waren; auf jeder Reise des Barons begleitete ihn die Baronin, und umgekehrt.

Welch bedeutende Rolle das Eheglück im Leben unsrer Heldin gespielt haben muss, ergibt sich aus der Tatsache, dass es in ihren Werken eine auffallend grosse Rolle spielt. Immer wieder kommt sie auf den Gegenstand zurück, gleichsam als ob er ihr stets gegenwärtig wäre. Am meisten davon erfüllt ist ihr berühmtestes Buch: „Die Waffen nieder!", zu dessen Hauptvorzügen die Schilderungen aus dem Eheleben Marthas und Tillings gehören. Viel eheliche Schwärmerei treibt sie auch in „Martha's Kinder", „Ein Manuskript", „Phantasien über den Gotha" (man lese namentlich die ergreifende Erzählung „Armer Witwer"), vor allem aber in dem grotesk-heitern „Es Löwos". Dieses selbstbiographische Büchlein beschreibt frei nach der Wirklichkeit ihr interessantes Zusammenleben mit „A. G." im Kaukasus in ganz origineller Weise und bildet geradezu eine Ehestandsmonographie. Es ist voll entzückender Torheiten, voll herzerquickender Narreteien, voll rührender Kindereien, voll reizender Dummheiten, voll übermütiger Seligkeit, ein verrücktes Hohelied der Freude zweier Eheleute an einander,

ein grosser, liebenswürdiger, gemüt- und humorvoller
Ulk, der freilich nur von mehr oder minder gleichgestimmten Seelen nach Gebühr gewürdigt werden, für
die Menge jedoch Gefühls-Kaviar bleiben dürfte.
Besonders urnärrisch und naturtreu sind die sprachlich-grammatischen Erörterungen der von den Suttners
ausgetüftelten Ehelinguistik und die äusserst possierliche und fantastische Mitbewohnerschaft, die „Doktors",
„Magisters", „Herrschaften" etc. Auf den Inhalt
des Werkchens gehen wir nicht näher ein; derlei
lässt sich nicht resumiren, es will gelesen sein.
Der geistvolle Schweizer Kritiker J. V. Widmann sagt
über „Es Löwos":

„Menschen, die nie im Leben das Bedürfniss fühlten,
in harmlosem Unsinn sich auszuruhen von strenger geistiger
Arbeit, und ein Phantasiespiel, das dem Gemüt frohe Labung
zuführt, mit komisch feierlichem Ernst zu betreiben, werden
für „Es Löwos" absolut keinen Massstab besitzen und vor
dem Buche dastehn wie der Mops vor der Erdbeere . . . .
Im ganzen ist diese Dichtung Bertha von Suttners eine unvergleichliche, neue Erscheinung und bei weitem das poetischeste Buch, das diese so hoch begabte Frau jemals geschrieben. Es gibt ihm gegenüber auch keine Mittelstellung;
man kann es nicht teilweise goutieren, teilweise ablehnen.
Sondern — entweder hat man überhaupt kein Organ für
diesen aus den süssesten, liebsten Lebenserinnerungen gewonnenen Nektar, oder man ist von ihm berauscht, fühlt
sich glücklich, dass so etwas geschrieben wurde, und ist
gezwungen, die beiden Menschen, die dieses Idyll lebten
und gestalteten, von Herzen zu lieben."

Bei der ungeheuren Bedeutung des Gattenliebe-Elements für die Schlossfrau von Harmannsdorf ist es für ihre persönliche wie litterarische Charakteristik unerlässlich, dass ich aus ihren Schriften wenigstens etliche der zahlreichen, für ihre Ehe-Auffassung bezeichnenden einschlägigen Stellen anführe, die sie ihren Personen in den Mund legt:

Aus „Ein Manuskript".

Sieben Jahre waren wir vereint und in dieser Zeit haben wir nie ein bitteres Wort gewechselt, gegenseitig nicht einen lieblosen Gedanken gehegt. Man spricht oft von der Süssigkeit des Versöhnens nach einem Streit — die hab' ich nie gekannt. Ich empfand eine Art zweiten Selbstbewusstseins mit ihm. Jedes Gefühl erfasste mich in Bezug auf sein Mitempfinden, jeder Gedanke unter dem Einfluss seines Denkens. Dabei war ich vom Bewusstsein der Gegenseitigkeit dieser Solidarität durchdrungen; ich wusste, dass ich das Medium war, durch welches er alle Eindrücke aufnahm. Dieses Doppel-Ichgefühl ist das schönste Mysterium der Liebe.

Aus „Marthas Kinder".

Lust? Jubel? Habe ich, die Beraubte, diese Worte niedergeschrieben? Gibt es denn für mich noch die Möglichkeit, zu frohlocken? Drängt sich nicht gleich zu jeder freudigen Regung der trübe, dämpfende Gedanke: er ist nicht mehr da, die Freude zu teilen? Möge die Welt auch noch so herrlich sich gestalten, mögen Schätze und Wonnen sich wie aus Füllhörnern über sie ergiessen: die schwarze Leere, in die mein Liebstes versunken, für mich bleibt sie leer und schwarz — ein Abgrund ohne Boden. (S. 142.)

Ach, wo sind die Zeiten, da ich einen hatte, dem ich alles, alles sagen konnte, dem alles zu sagen mir Lust und Bedürfnis war! Was ich erlebte, ward mir zum Erlebnis erst wenn ich es mit ihm geteilt hatte. Jede Freude, jede Sorge, jeder Zweifel, jede Auffassung, jedes Urteil kam mir ganz erst zum Bewusstsein, wenn ich darüber mit ihm gesprochen und seine Meinung darüber erfahren hatte. Mein erster Gedanke war stets: was wird Friedrich dazu sagen? Ich kannte ihn so gut, dass ich in den meisten Fällen wohl wusste, was er sagen würde; aber ich sehnte mich danach, es zu hören — dann erst war mein Erlebnis, meine Stimmung, mein Urteil sanktioniert. (S. 256.)

Aus „Es Löwos".

— Tage, wo wir nicht miteinander gescherzt, gekost und gelacht hätten, die sind nicht vorgekommen. Und was ferner niemals zwischen uns vorgekommen, das ist: ein bitteres Wort, ein Vorwurf, ein Streit, ein liebloser Gedanke. So etwas haben wir nicht kennen gelernt.

— Wenn man von einem Wesen gepflegt wird, welches jeden Schmerz mitempfindet, welches immer zärtlich und geduldig ist, besorgt bei jeder Verschlimmerung, entzückt bei jeder Besserung, so hat das Kranksein etwas Angenehmes. Es ist gewissermassen ein „Sich von Liebe schaukeln Lassen". Sogar ans Sterben denkt man mit der Befriedigung, dass das andere einsehen wird, wie furchtbar schade es um einen wäre, und dass sein Schmerz genau so gross sein wird, als man ihn in einer Hinrichtungsstunde selbst empfände — denn man weiss, dass man nicht so ganz und gar tot sein wird, denn das Bild, das Andenken lebt im verwitweten Herzen fort und wird noch inniger und heiliger geliebt, als im Leben.

— Dummheiten, grosse und kleine, habe ich öfters gemacht; aber nie ein Vorwurf, nie eine Klage über die übeln Folgen, nie ein finsteres Gesicht von meinem Müsterich! ... Und in der Tat, machen denn Vorwürfe etwas gut? Niemals. Die böse Folge ist da — wozu diese Unannehmlichkeit auch noch mit der Unannehmlichkeit bitterer Worte erschweren? Diese wären uns eine viel grössere Kalamität als alle Kalamitäten, welche die Aussenwelt bringen kann.

— Es sind nicht die paar Geschenke, welche der „Meunen" diese Tränen entlocken konnten; es ist das weihevolle Bewusstsein, dass wir in dieser Stunde glücklich sind, dass ich Freude an ihrer Freude habe und sie wieder Freude an dieser Freude.

— „Wenn ‚Es' aber blind oder kindisch würde?"

„Hätte ich ‚En' nicht minder lieb."

„Auf alles, was die Zukunft bringen mag, kann ich mit Ruhe blicken, wenn wir nur beisammen bleiben. Aber ein Gedanke erfüllt mich mit Schrecken: wenn eins von uns einst stirbt, was wird aus dem andern?"

„Hoffen wir, dass wir einmal zusammen zugrunde gehen — in einem Erdbeben, Schiffbruch oder dergl."

*   *
*

Idealere Begriffe von Eheglück, Gattenliebe, gegenseitiger Treue und Anhänglichkeit als die Suttnerschen kann es wohl kaum geben. Und wie die Liebe zwischen den Gatten, predigt die Baronin auch die Liebe zwischen den Rassen, zwischen den Klassen, zwischen den Völkern — die allgemeine Menschenliebe. Die Güte, die zu so hohen Vorstellungen von der Ehe gehört, äussert sich bei Bertha von Suttner in allen Gebieten der Menschen- und auch der Tierfreundlichkeit.

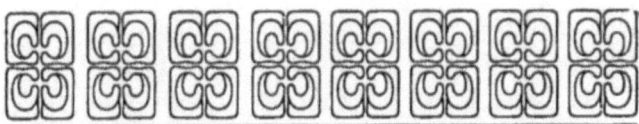

III.
Die älteren Schriften.

Ich möchte die umfassende literarische Tätigkeit der Suttner in drei Abteilungen gruppieren: ältere Werke, Friedensschriften und spätere Bücher. Unter „ältere" verstehe ich jene, die vor ihrem Eintritt in die Friedensbewegung, also vor dem Erscheinen von „Die Waffen nieder!" erschienen. Es sind das — mit Ausnahme ihres nur ein Jahr vor „Die Waffen nieder!" veröffentlichten Hauptwerkes „Das Maschinen-Zeitalter" — lauter Schriften, die bei aller humanitären Problemtendenz diese noch lange nicht so scharf ausgeprägt zur Schau tragen wie die späteren, eigentlichen Tendenzwerke der „Judenbertha" (wie sie wegen ihrer Bekämpfung des Antisemitismus oft genannt worden ist). Eines der hieher gehörigen Bücher („Die Tiefinnersten") erschien zwar erst 1893, war jedoch schon im Kaukasus entstanden und muss daher unter die „älteren" eingereiht werden.

Die erste Veröffentlichung der Baronin in Buchform war „Inventarium einer Seele", das meteorgleich am Literaturhimmel aufblitzte und zu den meistbewunderten Erstlingswerken gehört. Bereits hier zeigt sich der philosophische Geist, die hohe Bildung, die haarscharfe Beobachtungsgabe, die strenge Denkfolgerichtigkeit, der ideale Sinn der Verfasserin in hellem Licht. Schon die Neuartigkeit der Gattung überraschte; handelte es sich doch weder um etwas Erzählendes, noch um eine Dichtung, noch um einen Essai, sondern um wissenschaftliche Belletristik oder belletristische Wissenschaft in origineller Form, um die Schilderung des Flatterspiels einer grossen Seele von Gegenstand zu Gegenstand, von Anschauung zu Anschauung, von Gedanke zu Gedanke, von Erlebnis zu Erlebnis — „das Widerspruchsvollste in harmonischer Verquickung", urteilt darüber Heinrich Glücksmann, hinzufügend, dass hier „die Keime fast aller ihrer Bücher und noch mancher ungeschriebenen" liegen; sie seien „entweder Gesellschaftsbilder, aufgerollt auf dem Untergrunde zeitbewegender Fragen, die Bertha von Suttner im tiefsten Kern erfasst, oder geistvolle Betrachtungen und Untersuchungen dieser Fragen selbst, rücksichtslose Äusserungen eines kühnen, selbständigen Geistes". Von dem hübschen Gedanken ausgehend, das geistige Soll und Haben eines auf der Höhe der modernen Kultur stehenden Mannes zu prüfen, gelangt die Autorin mittelbar zur Bilanz der ganzen Menschheit mit ihren zahllosen Fortschritten und Rückständen. Ohne eine Spur von Schwerfälligkeit, vielmehr mit verblüffender Anmut, finden wir im „Inventarium" die schwierigsten Probleme behandelt. Das Höchste und Tiefste wird einfach, klar und überzeugend beleuchtet. Das Buch besteht aus köstlichem Salongeplauder edelsten Stils über alles Mögliche, das einem denkenden Menschen auf- und einfallen kann: aus Leben, Gesellschaft, Naturwissenschaft, Weltweisheit, Psychologie u. s. w.; dazwischen Szenen aus der Vergangenheit des Schreibenden, eines fingierten Grafen, der sich mit kaum vierzig Jahren und reichen Erfahrungen von der Welt zurückgezogen hat und in sein eigenes inneres Leben Einkehr hält: der Tod seiner geliebten, jungen Frau, seine Begegnung mit einer schönen Dame, in die er sich verliebt, der er aber entsagen muss, weil sie sich als die Königin entpuppt, ein ebenso sinniges, wie satirisches optisches Märchen etc.

Das soeben erwähnte Märchen ist etwas ganz ausnehmend Reizendes, eine geistreiche, gedankentiefe Spielerei mit wissenschaftlichen Dingen. Schon dieses Kabinetsstückchen allein macht das Buch sehr lesenswert. Der berichtende Graf konstruierte nämlich, um sich einmal den Weltenlauf nach seiner Façon anzusehen, theoretisch ein „Mikrochronoskop". Das ist ein Instrument, das für zeitliche Verhältnisse denselben Dienst leistet wie etwa ein Operngucker für räumliche. Der Operngucker zeigt uns Personen und Dinge zwar richtig, aber er täuscht uns über die Entfernungen, indem er uns jene, je nachdem man ihn hält, entweder sehr nahe oder in unwahrscheinliche Ferne rückt. Ganz im Geiste der Kantschen Philosophie, die alle unsere Begriffe über Zeit und Raum für angeborene und unausrottbare Irrtümmer hält, behandelt da Frau von Suttner die Zeit, als hätte sie es mit dem Raume zu tun. Mit ihrem Instrumente dehnt sie die zeitlichen Entfernungen oder lässt sie zusammenschrumpfen und betrachtet dann die Angelegenheiten durch dieses zeitliche Opernglas.

Die neue Idee, nach den Lehr- und Wanderjahren der eigenen Seele ein Inventar ihres geistigen und ethischen Vermögensstandes aufzunehmen, ist mit grosser Aufrichtigkeit durchgeführt. Über diese öffentliche Beichte äusserte kein Geringerer als **Friedrich Bodenstedt**: „Eines der fesselndsten Bücher, die ich je gelesen habe." In **Wilhelm Conrads** Buch „Der Freimaurer" heisst es:

„Das merkwürdige „Inventarium" ist durch und durch künstlerisch gestaltet. Es ist eine Gedanken-Symphonie, in deren grossartig gearbeiteter Partitur alle Instrumente des litterarischen Orchesters am rechten Platze ihre ganze Virtuosität entfalten. Und das Thema dieser Symphonie? Die ganze Welt! Und das Ganze ist aufrichtige Seelenmusik, kein angelerntes oder nur mit sich selbst kokettierendes Klangspiel? Und es ist kein Musizieren um des Musizierens willen, kein schöngeistiges Konzert, das sich an der eigenen, klingend bewegten Luft entzücken und berauschen will? Es soll mit dem Werke eine ernsthafte Wirkung auf das Nahe und Ferne, eine humane Befreiungstat, ein Glückszuwachs für alle Denkenden und Fühlenden bezweckt werden? Ja, ja, so ist es!"

Ungemein zutreffend ist auch das Urteil H. Fränkls: „Eine hervorragende Gedankendichtung, schwere Ideenfracht in zierlich gebautem Nachen. Die vornehm geschliffene Sprache, die anmutige, poetische Verbrämung des Ganzen, die glänzenden Offenbarungen eines Geistes, der in den Tiefen der Philosophie, Naturwissenschaften, sozialen und politischen Fragen arbeitet und Edelmetall fördert — all dies verleiht dem „Inventarium" den Charakter eines eigenartigen Kunstwerkes."

Von poetischem Gehalt gesättigt ist auch der Roman „Ein schlechter Mensch", das zweite Buch der Suttner, insbesondere durch die warme und anmutige Schilderung der Liebe eines leidenschaftlichen Mädchens zu dem Titelhelden und durch die rührende Gestalt des jungen Erich Stangen, der da stirbt, ohne zu der heissersehnten, wahren Erkenntnis gekommen zu sein. „Wie diese ideal schöne Jugendseele," schreibt Karl Goldmann . . .

„. . . erst dann friedlich in das Jenseits hinüberschlummern kann, als ihr der Mund des atheistisch fühlenden „schlechten Menschen" den letzten Trost der Erkenntnis spendet, das ist von Bertha von Suttner mit so packender Kraft geschildert, dass das Symbolische der Tendenz von dem rein Menschlichen des Vorganges völlig unterdrückt wird. In ungemein charakteristischer Weise offenbart Bertha von Suttner in diesem Werke ihre Abstammung von der guten Gesellschaft durch einige Briefe, die der Held des Romans an das ihm in Liebe zugetaue Mädchen richtet. Als dieses erkennt, dass der „schlechte Mensch", dem es sich in stürmischer Zuneigung hingegeben, von keiner wahren Zuneigung erfasst ist, da weist es das Geld zurück, das ihm zur Gründung einer anderen Existenz geboten wird.

Erst als er in einem abermaligen, mit ebensoviel Takt als verständiger Würdigung ihres Vorgehens abgefassten Schreiben sie zur Annahme einer noch grösseren Geldsumme zu bewegen sucht, entschliesst sie sich, dies zu tun. Ein solches Schreiben mit so gesuchtem Takte und so weltmännischer Feinheit abzufassen, wie es Bertha von Suttner hier getan, erfordert einen gesellschaftlichen Bildungsgrad, wie ihn leider nicht viele Schriftsteller besitzen."

„Ein schlechter Mensch" spiegelt den Kampf zwischen dem kirchlichen Konservatismus und dem fortschrittlichen Liberalismus unserer Zeit. Die Ironie des Titels liegt in der Verwechslung von „schlecht" mit „modern". Der Held ist nämlich ein begeisterter Jünger moderner Ideen. Die Gegensätze zwischen der alten und der neuen Zeit finden in ihm einen ebenso gediegenen wie geistreichen Verkünder. Nach einem an herben Erfahrungen reichen Leben kehrt Frank Myltus aus Australien zu seiner reaktionären, hochadeligen Verwandtschaft zurück. Die Kämpfe, die sich hier im Rahmen einer Familie abspielen, sind zugleich die Kämpfe der neuen Zeit gegen den ganzen Wust alter Vorurteile, Gemeinplätze und Kulturlügen. Vornehmlich gegen das Erziehungs-Prokrustesbett, in welches so viele verblendete Eltern ihre Kinder zwängen. Eines der „Herbstlaub-im-April"-Bücher der wackern Harmannsdorferin!

Eine nahe Geistesverwandte des „Schlechten Menschen" ist „Daniela Dormes", ein etwa ein Jahr später erschienener Roman, der unter anderem der geistigen Befreiung des Weibes das Wort redet und den Antisemitismus scharf zurückweist. Diese wichtigen Zeitfragen werden mit Geschick aufgerollt und mit Geschmack behandelt. Eine vornehm angelegte, durch ihren Vater und darnach ihren ersten Gatten frühzeitig in die Grundzüge des Wissens eingeführte Frau verliert ihr Herz an einen schönen, aber innerlich hohlen Gesellen, dem als Ideal der weiblichen Erziehung die eines französischen geistlichen Stiftes für adelige Fräulein vorschwebt. Eine Zeitlang vermag die Leidenschaft die tiefe Kluft zu verschleiern, welche zwischen den Geistern klafft; dann kommt die Entwicklung und das Scheiden, hier dadurch gemildert, dass Graf Raoul Trélazure in einer Verwandten den Inbegriff seiner Wünsche verkörpert findet, während Daniela in Professor Franz Meier, einem Juden — ein neuer Beweis für der Dichterin Vorurteilslosigkeit — den ihr ebenbürtigen Genossen für das Leben entdeckt.

Die psychologischen Vorgänge sind folgerichtig von innen heraus entwickelt und erfüllen uns mit Teilnahme. Daniela ist ein eigenartiger, fesselnder, scharfgezeichneter Charakter. Auch die anderen Gestalten des Buches sind vorzüglich durchgeführt. Welch liebenswürdiger, geistreicher, taktvoller Kavalier ist doch Baron Zollern! Wie interessant, lebenswahr und feinhumoristisch erscheint in der Baronin Rammersperg der Typus der ungebildeten Frau geschildert, die in Kreise hineinheiratet, in welche sie nicht passt!

Künstlerisch noch höher steht der Roman „Highlife", ein farbensprühendes Mosaikbild aus dem Leben jener internationalen „Luxuszigeuner", jener „privilegierten Freimaurer des distingierten Nichtstuns", die sich überall und immer wieder zusammenfinden, wo man angenehmem Müssiggang und Wolleben obliegt. Wir lernen da die Welt kennen, in welcher „Opernmusik, Pferdehufschlag, Champagnergläsergeklirr und Flirt-Gekicher erschallt und Wappen, Kronen, Fächer, Reitgerten, Puderquaste und Jagdgewehr die Insignien des Berufes bilden". Das eintönige Sybaritenleben dieser aristokratischen Kreise, ihre Meinungen und Gewohnheiten, ihre Vorzüge und Fehler werden höchst gewandt, ungezwungen, naturwahr, objektiv und ohne jedes Moralisieren geschildert. Dieses Kunststück ist nur mit Hilfe der unvergleichlichen Graziosität der Suttnerschen Schreibweise möglich, welche von Geist und Leben funkelt, bald elegant, bald paradox, bald drastisch klingt und alle Elemente des echten Plauderns enthält. In blendender, fliessender, stets natürlicher Sprache führt uns die Verfasserin eine Reihe von Personen vor, wie sie in fast allen Hauptstädten Europas anzutreffen sind: die Gräfinnen Cari und Isi, die alte Simmersburg, die Komtesse Gertrud, Herzog Emil, Fürst Wetterstein u. s. w.

Der Roman, den manche Kritiker für eines der allerbesten Bücher der Suttner erklärt haben, beginnt in Wien mit dem 1. Mai und mit seiner berühmten Praterfahrt, deren Glanz allerdings von Jahr zu Jahr erblasst, springt dann nach Paris über, kehrt sich darauf den Schlössern des Hochadels in Böhmen und Mähren, den klassischen Ländern des österreichischen Grossgrundbesitzes zu und berührt nach Ischl noch die Riviera und das internationale Zigeunerlager von Nizza. Allenthalben werden scharfe und klare Bilder gezeichnet; der Faden aber, dem entlang sie aufgereiht werden, ist die Liebe des schönen Wetterstein zur schönen Isi Thunen. Sie ist verheiratet, wie sich denn Hans überhaupt nur für Frauen zu erwärmen vermag. Aber ihr Gatte lebt ihr ferne und hat oft übel an ihr gehandelt. Mit dieser Neigung im Herzen nun wirbt Hans um die reizende Gertrud Simmersburg, ein echtes „Komtessel", und ist auch als Bräutigam nicht imstande, sich von seiner Leidenschaft zu befreien. Nein — er verfolgt sie jetzt noch mehr, als zuvor, während das Mädchen nur an ihm hängt und nur von ihm und dem ungeheueren Glücke träumt, das es dem teueren Manne verdanke. Auf Schloss Herrenberg bringt ein Zufall Gertrud endlich die entsetzliche Überzeugung, dass ihr Hans und ihre einzige Freundin für einander entbrannt seien. Sie bricht das Verhältnis ab, obzwar dadurch ein falsches Licht auf sie fällt und ihre Grossmutter sie infolgedessen zwingen will, ins Kloster zu gehen. Vor diesem Schicksale bewahrt sie der Amerikaner John Walgrave, den die „Exklusiven" wegen seines nüchternen Blicks und seiner „modernen" Ansichten scheuen und dem Gertrud als Gattin nach Amerika folgt; Hans und Isi aber werden immerhin auch in der Tat Schuldgenossen, wie sie's bisher nur im Wollen gewesen, und gerade zur Zeit, wo die alte, einstige Flamme schon recht eigentlich niedergebrannt war. Bei ihrem letzten Zusammensein ertappt sie Graf Thunen und schiesst den jungen Fürsten im Duell nieder. Neben dieser Haupthandlung läuft noch eine belangreiche Geschichte zwischen Fürstin Cari, Isis älterer Schwester, und Prinz Emil G . . . ., einem deutschen Standesherrn. Diese beiden bleiben rein, weil Cari viel zu kalt, viel zu stolz auf ihre Schönheit und ihren guten Ruf ist, als dass sie sich vergässe.

Aber „in den Begebenheiten und in der Composition liegt der kleinste Teil des Wertes dieser Erzählung," schreibt J. J. David. „Nur die Typen bedingen ihre Bedeutsamkeit und an diesen ist sie überreich. Mit raschen und entschiedenen Strichen werden Abbilder aus jenen Kreisen entworfen, in denen man voneinander nur mit den Vornamen spricht, die den Genuss des Lebens verstehen, wie niemand ausser ihnen, in denen die Männer ihre Aufgabe darin sehen, über Sittenreinheit und Gläubigkeit bei anderen zu wachen, um sich dafür selbst fast alles zu Gute zu halten. Und neben jenem Hochadel, der noch in Wien seinen Winteraufenthalt nimmt, wird der noch stolzeren und unnahbareren Prager Aristokratie gedacht; die um vieles buntere Gesellschaft von Paris, die zusammengewürfelte und nicht gar wählerische von Nizza wird nicht vergessen. Eine der köstlichsten Figuren, die allenthalben wieder auftaucht, ist jener Prinz von Abchasien, der sich für seine Heimat — über ihre Lage sind alle gar wenig klar — mit den ungeheuersten Verbesserungsplänen trägt, allenthalben davon berichtet und vor lauter Entwürfen und Neuerungen gar nicht dazu kommt, auch nur einmal dahin zu reisen und auf seinen Gütern nach dem Rechten zu sehen."

Den Gipfelpunkt des anmutigen Plaudertalents unsrer Baronin sehen wir in ihrem nächsten Buche erreicht: „Ein Manuskript" — eminent die Gabe einer geistvollen Frau an geistvolle Geschlechtsgenossinnen. Es vereint bestrickende stilistische Eleganz mit wirksamen Szenen und prächtiger, geradezu esprit-glitzernder Lebensweisheit. In erster Reihe stehen die edeln Betrachtungen über ein wahrhaft liebevolles Mutterherz; sie bilden den roten Faden, der sich durch die wie herrliches Geschmeide funkelnden Episteln zieht, welche eine selbst noch junge Mutter an ihre auf der Hochzeitsreise befindliche Tochter richtet, um sich den Schmerz der ersten Trennung von dem geliebten Kinde zu erleichtern. Teils heiter, teils mild, teils rührend wird über alles für junge Damen Wichtige, Nützliche und Interessante abgehandelt in einer langen Serie abgerundeter, dabei jedoch untereinander zusammenhängender Skizzen in Briefform. Diese Mutter gibt, wie sich Irma von Troll-Borostyany so hübsch ausdrückt, ihrer Tochter „eine geistige Mitgift" in der „Darstellung ihrer gesunden, von wahrer Lebensweisheit durchtränkten Auffassung der Dinge, weit entfernt von pedantischen Lehren", wobei sie aus dem reichen Schatz ihrer hohen Bildung, ihres treffenden Urteils und ihres grundgütigen Herzens schöpft. Welch sinnige, köstliche Gedanken über Eheglück, Luxus, echtes Wohltun, wahre Frömmigkeit etc. finden wir hier in anspruchslos-natürlicher Sprache, in reizend-einfachem Gewande, dargeboten von einer entzückend liebenswürdigen Aristokratin voll seltener Harmonie des Geistes und des Gemütes! Die sonnige, glückliche Weltanschauung, die dieses Buch belebt, sollte bei jeder Mutter und jeder Tochter Schule machen — dann gäbe es weit mehr gute Ehen. Ausser viel goldner Lebensweisheit enthält „Ein Manuskript" auch humoristische Situationsschilderungen und einen allerliebsten, kleinen Heiratsroman, von dem wir jedoch nur das verraten wollen, dass die verwitwete Schreiberin sich nicht bloss ins Herz ihrer Tochter und des Lesers, sondern auch in das ihres neuen Gutsnachbars schleicht und von ihrer heimkehrenden Einzigen als Braut vorgefunden wird.

Man könnte dieses Werk eine Ergänzung und ein Seitenstück zum „Inventarium" nennen; wie dieses mit den schwierigen Problemen des Geistes- und Weltlebens, beschäftigt sich „Ein Manuskript" mit den leichteren Fragen des Alltagslebens, und zwar in der gleichen anmutig plaudernden und lebhaft betrachtenden Weise, die den Leser kräftig zum Nachdenken anregt. Die in Gesprächsform gehaltenen Kapitel ergötzen durch eine Fülle köstlicher Dialektik, die anderen durch feinpointierte Aphorismen. In dem Ganzen geht psychologischer Scharfblick Hand in Hand mit erstaunlicher Belesenheit. Auf jeder Seite merkt man, dass die Suttner die Freude des geselligen Lebens mit frohem Behagen zu geniessen, aber auch in die Tiefen der Menschenseele zu schauen versteht. „Ignotus" beurteilt das Werk folgendermassen:

„Es ist eine Probe auf den litterarischen Geschmack und ästhetischen Feingehalt des Lesers. Wer mit einem versumpften und verdummten Zeitungslesergehirn darüber kommt, wird nichts daran finden; wer sich an gewöhnlichem Novellenschnickschnack (oft unsrer berühmtesten Autoren!) den Magen verdorben hat, wird wenig daran finden; wer aber als Leser reinen Kopf und helles Gemüt bewahrt hat, dem wird es so viel Entzücken bereiten, dass er jede Zeile küssen möchte ... Ja, das ist ein Buch zum Küssen. Einzelne Kapitel sind von einer Erhabenheit der Empfindung („Unsere Toten", „Treue und Liebe", „Die Kleinen", „Zauber der Jugend"), dass man beim Lesen, süss durchschauert, unwillkürlich die Hände faltet. Das ist ein Muster-Geschenkbuch im höchsten Sinne."

Im „Schriftsteller-Roman" zergliedert Bertha von Suttner mit grosser Schärfe die verschiedenen Ereignisse und Wandlungen im Leben des Schriftstellers Otto Freiheim, die traurigen Erfahrungen eines Beamten, den ein kleiner litterarischer Erfolg zum Aufgeben seines Brotberufs veranlasst. Tiefe Einblicke in die Lage des Schriftstellerstandes wechseln ab mit interessanten ästhetischen Erörterungen und einer fesselnden Handlung. Mit warmer Anteilnahme verfolgen wir Freiheims Kampf mit ungünstigen Verhältnissen, zu deren Beherrschung ihm die nötige sittliche Energie fehlt. Er steckt sich eine grössere Aufgabe als sein Können zu lösen vermag und muss erkennen, dass der literarische Beruf mehr Dornen als Rosen hat. Was ihm die Phantasie nicht gibt, will er dem Verstand abringen, und wofür er tagsüber nicht Zeit gewinnt, will er nachts nachholen. Seine seelischen Qualen, seine Selbstzweifel, seine unglückliche Ehe, seine Liebe zu einer schönen, begabten Kollegin, seine Überarbeitung — all dies raubt ihm den Verstand und das Augenlicht. Leben und Untergang dieses hochsympathischen Menschen sind typisch; so streng die ganze Erzählung sich in dieser einen Person verdichtet, fühlt man doch deutlich, dass Otto nur als Vorbild des ganzen Standes gedacht ist, dass er dem „Stamm der Ikariden" angehört, „denen," wie sich Josef Ettlinger ausdrückt, „der eigene Ehrgeiz die ohnedies schwachen Flügel versengt, und die Geschichte seiner Leiden ist reich an menschlich Bedeutsamem und tragisch Ergreifendem, vor allem für den, der die gleichen Irrungen und Wirrungen an sich selbst oder an anderen erlebt hat und sie darum nachzufühlen versteht. Ihre fast urkundliche Lebenswahrheit erhält die Erzählung noch im besonderen durch ein unmittelbares Auftragen auf den rechten Untergrund tatsächlich bestehender Verhältnisse. Alles schliesst an Tatsachen an, sogar die episodenhafte Beschreibung des ersten Berliner Schriftstellertags."

Meisterstückchen moderner Erzählungskleinkunst enthält die Novellettensammlung „Verkettungen". Der glückliche Humor, der jede dieser Erzählungen bewegt, ist mit bezaubernder Gewandtheit in ein Sprühfeuer hübscher Einfälle gehüllt. Kurz nach dieser veröffentlichte Frau von Suttner eine zweite Sammlung von Geschichten: „Erzählte Lustspiele". Man kommt beim Lesen nicht aus dem Lachen heraus, so heiter und geistsprühend sind diese sechs Dingerchen. Schon in „Ein Manuskript" hatten einige besonders originelle Dialoge darauf schliessen lassen, dass die einstige „B. Oulot", wenn sie wollte, gewiss imstande wäre, das Theater mit anziehenden Bluetten, vielleicht auch mit feinen Salonkomödien zu bereichern — ein Eindruck, den die „Erzählten Lustspiele" erheblich verstärken. Um ihre Dialogkunst könnte sie mancher Bühnenroutinier beneiden. Man möchte diese gedankenstrichartig angelegten Humoresken, die an duftige Pastellgemälde erinnern und das bestrickende Plaudergenie der Verfasserin in strahlendem Lichte zeigen, auf der Bühne sehen. Sie verschwendet Pointen, die für Aktschlüsse ausreichen würden. Der Band bietet dem eifrigen Suttnerleser gleichsam eine Erholung nach der Gedankenarbeit, die sie ihm gewöhnlich auferlegt.

Näher müssen wir auf „Die Tiefinnersten" eingehen, die zu den besten und erquicklichsten Schöpfungen unsrer Heldin gehören. Die mit dem Titelschlagwort gemeinten Personen sind Leute, denen man im Leben leider sehr oft begegnet und die weder Natürlichkeit, noch gesunden, hellen Verstand besitzen. Es sind Menschen, schwer zu beschreiben, aber von Baronin Suttner meisterhaft geschildert, Männer und Frauen, abstrakten Wissenschaften oder kalten Kunstformen mit intoleranter Scheinheiligkeit huldigend oder auch nur gewöhnliche, hirnlose Phrasendrescher. „Nur nichts Mystisches, Vages, Verschrobenes — nur Einfachheit, Natürlichkeit, Klarheit! Hütet Euch vor Überspannung und ebenso vor Pedanterie; hütet Euch vor den salbadernden, augenverdrehenden Schwärmern, vor den Tiefinnersten. Nicht nur in Kunst und Wissenschaft, auch im übrigen Leben, in Freundschaft und in Liebe, in geschäftlichem und geselligem Verkehr, meidet, meidet die Tiefinnersten!" So schrieb Graf Grehler an seine Kinder Rosa und Kurt, die ihn innig lieben — urwüchsige, gesunde Menschenpflanzen, reich und unabhängig. Um ihrem Dasein eine bestimmte Richtung zu geben, vermacht er seinen Kindern ausser den irdischen auch geistige Güter. Letztere in Form von Briefen, zu öffnen und zu lesen in verschiedenen Lebensphasen, beim Eintritte gewisser, bei der Jugend gar nicht ungewöhnlicher Ereignisse. So weilt der Geist des Abgeschiedenen stets unter den Lebenden und das Geschwisterpaar pflegt mit ihm in einem für diesen Zweck bestimmten Raume, der „Kapelle", einen feierlich-intimen kultusartigen Umgang. Er macht ihnen den Kampf gegen die Tiefinnersten zu einer Art Lebensaufgabe. Nach dem Wunsch des Vaters widmet sich Kurt dem freien, nicht dem durch Schulen einseitig gestalteten und einseitig den Geist ausgestaltenden Studium, Rosa der Kunst, speziell der Gesangskunst. Um aber letztere mit jener Gründlichkeit zu lernen, wie sie für ein Berufsstudium nötig ist, führt sie sich bei einer berühmten Gesangslehrerin als Bürgerliche, als Tochter ihrer eigenen Haushälterin ein. Sie lernt da, ausser den Geheimnissen der Gesangskunst, auch den jungen Grafen Stohr-Merseburg kennen und — lieben. Das ist ein Glück für Rosa, denn diese Liebe lässt sie eine in ihr jäh erwachte Leidenschaft zu einem Prachtexemplare eines Tiefinnersten, dem Professor Gindt, vergessen — eine Leidenschaft, die nur sinnlicher Natur war. Für den Liebenden männlichen Geschlechtes kommen nun Tage der Prüfung. Er besteht sie alle glänzend und es gibt ein glückliches Paar. Kurt wird inzwischen auch von der eingebildeten Liebe zu der Tochter des vorerwähnten Tiefinnersten, einem rechten Gänschen, geheilt. Ihm bleibt die Zukunft offen als - - Lediger. Ausser dem erwähnten Tiefinnersten kommt in diesem Buche noch eine ganze Musterkollektion vor, mitverwebt in die Handlung, in welcher so manches grelle Streiflicht auf Verhältnisse, „sinnlose Sitten" und Zustände, besonders der oberen Zehntausend, fällt — Wahrheiten, die dem Ganzen den Anstrich einer gewissen Unmittelbarkeit geben, das Buch aus der Zeit heraus verstehen lernen. Es ist eine Art Spiegel, vorgehalten gewissen Kreisen, scharf geschliffen wie Kristallglas, und da es die Autorin versteht, darin das Angenehme einer unterhaltenden, flott geschriebenen Lektüre mit dem Nützlichen der erweiterten Kenntnis menschlicher Schwächen zu verbinden, so nimmt man von diesem geistreichen Buche mit der — „tiefinnersten" Überzeugung Abschied, dass da ein Hieb gegen eine geistige Unnatur geführt wurde, wie ihn nur eine für ihre Sache begeisterte Idealistin mit so schonungslos realistischer Entblössung der Geschwüre führen kann.

Die in „Die Tiefinnersten" zutage tretende Mischung von Gemüt und Spott, von tiefernstem Empfinden und ergötzlicher Ironie ist für die ureigenste Suttner so recht bezeichnend. Das ist Geist von ihrem Geiste!

Während des Lesens möchte man immer wieder ausrufen: „Bravo!" „Sehr wahr!" „Prächtig!" Wie lebensvoll tritt der Baron Grehlen, obwohl längst verstorben, aus dem Rahmen des Ganzen hervor! Welche Güte und Weisheit atmen seine wunderbaren hinterlassenen Briefe! Schade, dass nicht alle Väter übers Grab hinaus so fürsorglich auf das geistige Wohl ihrer Kinder bedacht sein können und dass nicht alle Kinder ihren Vätern eine so schöne Pietät bewahren! Und der ebenso lustige wie biedere Oheim! Es sind das lauter reizende Menschen, die der Leser schnell herzlich lieb gewinnen muss. Auf der andern Seite stehen die nicht minder vorzüglich gezeichneten, von der Autorin mit unerbittlicher, zwingender Logik verfolgten „Tiefinnersten" — Gefühlsdusler, die mit Empfindung um sich werfen, welche sie nicht haben und deren sie nicht einmal fähig sind. Mit Recht schreibt der alte Grehling: „Auf die Knie mit ihnen! An die Wand muss man sie drücken!" Solche Bücher erscheinen nicht alle Tage. Die Verfasserin erzählt in einer Vorbemerkung, „Die Tiefinnersten" seien eigentlich eins ihrer Erstlingswerke, aber sie habe wegen der darin niedergelegten Tendenzen anfänglich keinen Verleger dafür finden können. Es musste daher liegen bleiben, bis sie berühmt geworden.

Nun gelangen wir zum letzten und bedeutendsten Werk der Suttner aus ihrer Vor-Friedenszeit: „Das Maschinen-Zeitalter", meiner Ansicht nach überhaupt das hervorragendste all ihrer Bücher und eines der wertvollsten unsrer Zeit, sowie die beste aller

„Herbstlaub-im-April"-Schriften in unsrer Sprache. Erst das Tittelblatt der dritten Auflage (1899) des ursprünglich 1888 erschienenen Bandes nannte als Verfasserin Bertha von Suttner — gewiss zur lebhaftesten Überraschung der Leser und Rezensenten der früheren Auflagen, welche unter dem undurchsichtigen Pseudonym „Jemand" hervortraten. Nach dem von der denkbar glanzvollsten kritischen Aufnahme begleiteten ersten Erscheinen schrieben Cherbuliez und Necker das Buch wegen der glänzenden Form Max Nordau, Bebel aber Flürscheim und Osiander wegen der Fülle des wissenschaftlichen Materials Karl Vogt zu, während andre Kritiker andre berühmte Männer im „Verdacht" hatten. Dass eine Frau dahinter stecken könnte, daran dachte wohl niemand — wahrscheinlich weil niemand irgend ein weibliches Wesen einer so hervorragenden Geistesschöpfung für fähig hielt. Tatsächlich dürfte es nur äusserst wenige — wenn überhaupt — weibliche Autoren geben, die genügend kenntnisreich, vorurteilsfrei und logisch wie dialektisch geschult sind, Bücher schreiben zu können wie „Maschinen-Zeitalter". Einzelne sorgfältige Leser freilich, denen die Werke der Harmannsdorferin geläufig waren — darunter auch meine Wenigkeit —, erkannten am Stil, an der Denkrichtung und an der scharfen Logik sofort die Löwentatze.

Warum die Verfasserin ihren Namen, der in der Literatur doch längst einen guten Klang hatte, anfänglich verheimlichte? Weil sie angesichts der in den deutschsprachigen Ländern noch vielfach herrschenden

Vorurteile gegen weibliche Leistungen auf geistigem Gebiete mit Recht fürchtete, ihr Buch würde unbeachtet bleiben oder gar verspottet werden, wenn die Welt wüsste, es sei von einer Frau. Und das wäre ungemein schade gewesen, denn das „Maschinen-Zeitalter" gehört zu den besten Perlen der Weltliteratur. Man höre einige Stellen aus den Kritiken der führenden Presse und berühmter Männer: „Wir staunen ebenso sehr über die wissenschaftliche Genauigkeit seiner Beweisführung wie über seine logische Schlussfolgerung . . . Grosser ethischer Hintergrund, ein Buch voll Verheissung, herauflodernd jene Glückseligkeitsempfindung, die über uns kommt, wenn wir der Weiterentwicklung unseres Geschlechts gedenken: ein gutes Buch." — „Ein gescheiter Mensch, ein scharf denkender Mann, mit Geist begabt und mit reichen Kenntnissen bewaffnet." — „Du aber, wer du auch seiest, dem die Entrüstung und das gewaltige Mitleid die Feder in die Hand gedrückt hat, dir gebührt inniger Dank . . . Dass es Menschen gibt, wie du einer bist, in all der Bedrückung ringsum gross, frei, mutig und hoffnungsvoll — das ist unser Trost." — „Lesen Sie das herrliche Buch! Eine wissenschaftliche Tat und ein leuchtendes Denkmal edelster Humanität für alle Zeiten. Sie werden Weihestunden höchsten Genusses und beseligendster Belehrung erleben." — „Der uns unbekannte „Jemand" offenbart sich als einer der kühnsten, geistreichsten, überlegensten Vorwärtsdenker." — „Ein hochgebildeter Mensch, ein tiefer Denker, ein kühner Kämpfer für Aufklärung und

Freiheit, ein unparteiischer, scharfer Kritiker, ein geistvoller Schriftsteller."

Im Rahmen von Vorlesungen, die ein Professor nach fünfhundert Jahren hält, ist dieses Werk der treueste und beste Spiegel unsrer eigenen Zeit, des Maschinenalters. Das Hauptmerkmal dieser Epoche ist der Kampf des Alten mit dem Neuen, das Nebeneinanderbestehen von ungeheuren geistigen Fortschritten und verrotteten Zuständen, das Festhalten am Hergebrachten neben der Verehrung für Reformen, kurz: „Herbstlaub im April."

Wir kennen keine Schrift, in der so folgerichtig, mit so starrer Zähigkeit, mit so eindringlicher Schärfe die alles beherrschende Kraft der Fortbildung hinsichtlich aller Gebiete des menschlichen Daseins nachgewiesen und geschildert wird. Schonungsloser, als es in dem uns vorliegenden Buche geschieht, können die Gebrechen der Gegenwart nicht blossgelegt werden. Gegen den nationalen Fanatismus, als die Ermöglichung des alles verschlingenden Militarismus, gegen den herrschenden Jugendunterricht, die Politik, das Los der Frau u. s. w. werden geradezu vernichtende Hiebe geführt. Die grauenvollsten Wahrheiten werden da der Welt ins Gesicht gesagt, aber in einer so vornehmen Form, dass wir den ganzen Ernst der Sache in uns aufnehmen und doch jedesmal das Buch erfrischt aus der Hand legen.

Entschieden glücklich ist der Gedanke, diese Vorlesungen vor einer Zuhörerschaft halten zu lassen, die viele Jahrhunderte nach uns in beneidenswerten Verhältnissen lebt. Die Verlogenheit, mit welcher heute die menschliche Gesellschaft, übermütig durch die Macht, zu der sie durch ihre technischen Errungenschaften gelangt ist, die grellsten sittlichen Widersprüche sich zurechtlegt, wird da nach ausgegrabenen Dokumenten mitgeteilt, welche auf die zum heissersehnten Ziel Gelangten den Eindruck unglaublicher Sagen hervorrufen. Der Vortragende ist so klug, es ganz überflüssig zu finden, seinen Zeitgenossen die Zustände, deren sie sich erfreuen, und die Bahn, die dahin geführt hat, greifbar zu kennzeichnen. Damit befinden wir uns einer allerdings etwas dunklen, aber immerhin vollbrachten Tatsache gegenüber, die uns als allmählich im Wege einer naturgemässen Entwicklung zustande gekommen erscheint. Dadurch eröffnet uns dieses Buch bei all dem Dunkel, das es aufrollt, einen lichten Blick in die Zukunft. Um alle Phantastereien zu vermeiden, lässt die Autorin ihren Geschichtsprofessor im Geiste und in der Sprache unsrer Zeit, die er ja eben schildern will, reden, um so „den Charakter der Epoche desto anschaulicher vorzuführen". Wie sehr ihm hiedurch die Geissel des Spottes und der Ironie zur Verfügung steht, weiss die Verfasserin ganz genau, und sie macht hiervon denn auch den ausgiebigsten Gebrauch, um der Entwicklungslehre, auf der das Buch beruht und die in den Schriften der Suttner überhaupt eine ausserordentlich grosse Rolle spielt, möglichst eindringlich das Wort zu reden. Ich schliesse mit den Worten Moritz Stekels:

„Dieses Buch ist ein weithin tönender Aufschrei der Vernunft . . . eine geistige Grosstat. . . . Gesegnet, wer so klaren Blickes ist und sich geistig so hoch erheben kann, um herabblicken zu können. Es ist dies ein Trost in unserer trostlosen Gegenwart, wo so viel von Vernunft gesprochen und so viel Unvernünftiges getan wird. Ist ein Buch wie „Das Maschinen-Zeitalter" auch nur eine Art Strohhalm, man muss sich doch daran klammern, ihn festhalten und weiter schwimmen auf dem Ozean des Lebens, hoffend, noch lebend ein Gestade zu erreichen, wo die wahre Menschenfreiheit wohnt, wo die Vernunft über den Aberglauben gesiegt."

IV.

Die Friedensfee.

„Was Grosses auf Erden gescheh'n,
vollbrachten die Schwärmer."
(R. Hamerling.)

Unsrer Feldmarschallstochter wurde es gewiss nicht an der Wiege gesungen, dass sie dereinst als „Friedensbertha" und „Jeanne d'Arc des Friedens" gefeiert oder als „Friedensfurie" verhöhnt werden sollte. Und doch gilt heute ihr Name als der einer Trägerin der Friedensbewegung für noch bedeutender als ihr literarischer. Da nicht nur ihr Vater, sondern auch dessen zwei Brüder Generale waren, lag ihr die Abneigung gegen den Krieg gewiss nicht im Blute; sie ist vielmehr ein Ergebnis ihrer wissenschaftlichen Studien und ihrer ausserordentlichen Menschenliebe.

Schon in ihrem ersten Buche, dem „Inventarium", findet sich ein ausführliches, vorzügliches Kapitel über Krieg und Frieden, Schiedsgericht und Abrüstung. Noch eingehender und besser behandelte sie diese ihr so

sehr am Herzen liegenden Dinge in einem Kapitel des
„Maschinen-Zeitalter". Aber das waren nur die verhältnismässig bescheidenen Anfänge ihrer literarischen
Friedenstätigkeit, die ersten tastenden Schritte auf
einer glänzenden Laufbahn. Auf diese Fühler folgte
Ende 1889, wahrhaft meteorgleich, freudige und auch
unliebsame Überraschung hervorrufend, der so berühmt
gewordene Zweibänder „Die Waffen nieder!", welcher sofort derart sensationell wirkte, dass er der
Verfasserin alsbald Weltruhm errang. Viele bedeutende
Männer freisinniger oder ethischer Richtung — darunter
Bodenstedt, Büchner, Carneri, Rosegger, Groller, F. Gross, H. Hart, M. G. Conrad — äusserten
sich in begeisterter Weise, während die Rückständigen
und die Chauvinisten das Buch und die Baronin arg
zerzausten. Das Lob überwog weitaus den Tadel und
Spott. Das Publikum anerkannte den künstlerischen
wie den kulturellen Wert der Lebensgeschichte Martha
Dotzky-Tillings so sehr, dass bereits 31 Auflagen nötig
geworden sind — bei einem deutschen Roman in so
kurzer Zeit etwas ganz Unerhörtes. Der österreichische
Finanzminister brachte (April 1890) das Werk im Wiener
Reichsrat zur Sprache, indem er sagte: „Es hat ja
neulich eine deutsche Frau in erschütterndster Weise
den Krieg geschildert. Ich bitte Sie, einige Stunden
diesem Werk zu widmen; wer dann noch Passion für
den Krieg hat, den kann ich nur bedauern." Binnen
wenigen Jahren erschienen Übersetzungen in alle
Kultur- und mehrere andere Sprachen. Der bekannte
englische Friedensapostel W. T. Stead stellte eine

sogenannte „kondensierte" englische Ausgabe her, von der hunderttausend Exemplare verkauft wurden. Gräfin Hedw. Pötting bearbeitete „Die Waffen nieder!" 1897 unter dem Titel „Marthas Tagebuch" für die Jugend (mit schönen Vollbildern von ihrer Schwester Adrienne illustriert) und schrieb die Novelle „Um ein Buch" (in „Kürschners Bücherschatz"), die sich um „Die Waffen nieder!" dreht. Kurz: das Werk platzte wie eine Bombe auf den Büchertisch; es war ein Ereignis, eine Grosstat, und das Schlagwort „Die Waffen nieder!" wurde zum vielgebrauchten „geflügelten" Wort. Die von der Suttner 1892 gegründete Monatsschrift zur Förderung der Friedensbewegung — die sie zuerst mit A. H. Fried, später mit mir und dann wieder mit Fried herausgab — erhielt denselben Titel, unter dem übrigens auch einige Dramatisierungen des Romans auf der Bühne erschienen sind.

„Die Waffen nieder!" rückte die Suttner plötzlich an die Spitze der gesammten weiblichen Autorenwelt unsrer Zeit und auf einen Platz in der ersten Reihe des zeitgenössischen Schrifttums überhaupt. Wenigen Federn wohnen die Kraft und der Mut inne, ein so gewaltiges, markiges, kühnes, packendes Werk zu schreiben. Die in sozialer, kultureller, menschlicher und politischer Hinsicht äusserst wichtigen Stoffe, die dieser Roman behandelt — Krieg, Friede, Abrüstung, Völkerschiedshöfe — sind schon von vielen Schriftstellern zum Gegenstand von Büchern gemacht worden, aber in der Literatur keines Volkes und keiner Sprache haben sie eine so umfassende und erschöpfende, dabei so ausgezeichnete und anziehende Darstellung erfahren, wie hier. Wir haben es da mit dem bedeutendsten aller Kriegsromane und mit einer der allerbesten Leistungen der modernen Belletristik zu tun. Nur wer dem lächerlichen Vorurteil huldigt, dass ein Tendenzwerk, wenn es an sich noch so gut, kein Kunstwerk sei, kann finden, „Die Waffen nieder!" sei kein richtiger Roman, keine Kunstleistung. In Wirklichkeit zeigt sich Bertha von Suttner hier als grosse Künstlerin und ich bezweifle, dass es sechs Autoren deutscher Zunge gibt, die — ob Männer oder Frauen — im stande gewesen wären, dieses herrliche Buch zu schreiben. Dasselbe wird nicht nur seiner edeln Tendenz in der denkbar besten Weise gerecht — auch in Bezug auf die rein novellistischen Erfordernisse: treffliche Charakterzeichnung, gut erdachte Handlung, richtige Entwickelungen und Lösungen, andauernde Erregung von Interesse, schöne Schreibweise u. dgl. m., befriedigt es alle Ansprüche. Mit grosser poetischer Schönheit beschreibt sie die echte Gattenliebe, das wahre Eheglück; ich glaube nicht, dass irgend ein Schriftsteller vor ihr eine rührendere Schilderung der Beziehungen zwischen Mann und Weib geleistet hat als diejenige des Ehelebens der Suttner'schen Heldin Martha von Althaus, deren Verhältnis zu Tilling ein überaus duftiges, zartes, idyllisches ist. Man lese die Episode von dem Pferde, das der Baron im Kriege von 1864 erschiesst, um es vor dem Feuertode zu retten, oder diejenige von dem 1866 verwundeten Schosshündchen Puxel, um zu erkennen, mit welch ergreifender Sympathie Frau von Suttner auch von den stummen Geschöpfen spricht; ihr Herz für die Tiere muss jedem Leser, der nicht gemütsroh ist, Tränen entlocken. Auch ihre Art, Momente aus dem Kinderleben vorzubringen und Kinder handeln zu lassen, wirkt sehr erhebend. Überhaupt durchweht ein hoher Geist der Milde das Ganze, so dass die Lektüre nicht verfehlen kann, einen veredelnden Einfluss auszuüben. So viel Verstand und Gemüt, so viel Vernunft und Güte finden sich äusserst selten zusammen.

„Die Waffen nieder!" bildet eine aufregende, aber herrliche Lektüre. Vieles von dem, was in diesen zwei Bänden gesagt wird, war keinem ernsten Denker neu; neu aber ist die Form, in der es gesagt wird, und der Zusammenhang, in welchem wir alles Einschlägige vorgebracht finden. Dies, sowie der hohe Freimut und die edle, tief gemütvolle Gesinnung, mit denen das Buch geschrieben ist, stempeln es zu einem wahren Friedensevangelium, und viele Leser mussten sofort überzeugt sein, dass eine so hinreissende Begeisterung, eine so unerbittliche Logik, ein so milder Geist, eine so vorurteilsfreie Menschenliebe Samenkörner sind, die auf fruchtbaren Boden fallen müssen, und dass so wundervolle Predigten nicht lauter tauben Ohren begegnen werden. Man fühlte sich wie von einem Alb befreit, da endlich dieser Aufschrei eines blutenden Menschenherzens wider die Barbarei des Krieges ausgestossen wurde — ausgestossen weithin vernehmbar, verständlich jedem, der da Ohren hat, um zu hören. Dieses Werk ist mit Herzblut geschrieben und verdient nicht nur die sorgsamste Beachtung der Politiker, sondern in erster Linie auch diejenige der Frauen, denn diese sündigen viel im Punkte der Kriegsbegeisterung, obwohl sie von den Kriegen am meisten zu leiden haben. Mögen sich die Frauen und alle anderen den meisterhaften Anfang und den hochpoetischen Schluss des Werkes zu Gemüte führen und im Sinne der Tendenz des Ganzen wirken!

Übrigens tritt Frau von Suttner nicht nur als Anklägerin des Krieges, der ungeheuren Rüstungen und der allgemeinen Wehrpflicht auf — auch gegen viele andere Missbräuche und Übelstände unserer Zeit kämpft sie mit scharfen Waffen. Die Vorurteile der „Gesellschaft", das leere Leben vieler Mitglieder der Aristokratie, die Öde der „Empfangstage", die Heuchelei der Prüderie, der Blödsinn des Duell-Unwesens, das ganze „verlogene, inkonsequente, lebhafte Getriebe" der heutigen Opportunitätswelt — all dies und vieles andere wird mit den wuchtigen Hieben einer ebenso edlen wie tiefen Entrüstung bedacht. Manche Stellen sind von einer zwar nicht überhaupt beispiellosen, aber jedenfalls im Munde einer gebornen Gräfin und verehelichten Baronin — wie auf die Suttner, trifft dies auch auf ihre Heldin zu — unerhörten Kühnheit und Unumwundenheit, der jeder Unbefangene eine desto lebhaftere Anerkennung zollen muss. Am bedeutendsten bleiben jedoch jene Partien, in denen die Kriegsgreuel geschildert und die hohlen Geschichtsphrasen der kriegführenden Regierungen und ihrer Diplomatie gegeisselt werden. Ich schliesse die Besprechung von „Die Waffen nieder!" mit einigen interessanten Stellen aus der Grollerschen Kritik:

Man kann darüber staunen, wie eine Dame sich für diesen Zweck eine solche Fülle diplomatischen Aktenmaterials zu verschaffen gewusst hat. Man kann staunen über ihre historischen Spezialkenntnisse, vermöge deren sie die wahrhaft erbärmlich kleinen Vorwände und Beweggründe für grosse, blutige Kriege aufdeckt. Aber all das ist erklärlich. Was aber nicht zu erklären ist und was geradezu rätselhaft bleibt, das ist die furchtbare, bis in die grauenerregendsten Einzelheiten gehende Richtigkeit in der Schilderung des unseligen Schlachtfeldjammers. Wir wissen nicht, wie und wo die Verfasserin Gelegenheit hatte, ihre Studien zu machen; was sie aber auch gesehen und erlebt haben möge, so war es doch ohne eine grossartige dichterische Imagination nicht möglich, solche Bilder zu entwerfen. Ebenso gewiss reicht aber auch die blosse Imagination nicht dazu aus; die Bilder könnten nicht mit so furchtbarer Eindringlichkeit wirken, wenn nicht ein ernsthaftes Naturstudium ihnen den Zug der glaubhaften und überzeugenden Wahrheit vermittelt hätte.... Bei den Schilderungen des Krieges gewinnt ihre Darstellung eine Erhabenheit, die an die grössten Meister der Weltliteratur gemahnt.

Dass es der beherzten Dame nicht bloss um schöne Phrasen und ein schönes Buch zu tun war, dass ihr vielmehr die gute Sache wirklich am Herzen lag, sollte sich bald durch Tatsachen zeigen. Als sie sah, welchen Anklang ihre literarische Propaganda gegen den Krieg fand, verlegte sie sich mit heiligem Feuer und — wie die Eingeweihten wissen — selbstloser Opferwilligkeit aufs Handeln, auf die Verwirklichung ihrer Friedensideale, soweit an ihrem Teil lag. Sie wurde eine — wahrscheinlich die — Hauptträgerin der bis dahin nur langsam vorwärts gekommenen europäischen Friedensbewegung, der sie seither mit Wort und Schrift unaufhörlich und unermüdlich in eindringlichster, meisterlichster und vorbildlichster Weise dient. Ihre Ausdauer und Fähigkeit sowie die Erfindungsgabe, mit welcher sie der guten Sache immer neue Seiten abzugewinnen weiss, sind bewundernswert. Auf Kosten ihrer sonstigen literarischen Tätigkeit und ihrer — Tasche widmet sie ihrem Lebensziel den grössten Teil ihrer Zeit. Sie schreibt zahllose Aufsätze, Skizzen u. s. w. über Krieg und Frieden für die Presse Deutschlands, Österreichs, Frankreichs und der Vereinigten Staaten, gründet Friedensvereine, besucht alle einschlägigen Kongresse, hält viele Vorträge (ein besonders gelungener, im Jahre 1900 in München gehaltener, ist unter dem Titel „Krieg und Frieden" als Broschüre erschienen; andere bemerkenswerte hielt sie in Berlin, Wien, Frankfurt, Budapest etc.), ist Vizepräsidentin des Ständigen Internationalen Friedensbureaus zu Bern, macht Agitationsreisen und stand bezw. steht in lebhaftem Briefwechsel oder persönlichem Verkehr mit Egidy, Bloch, Stead, Moscheles, Pratt und anderen hervorragenden Friedenskämpfern in verschiedenen Ländern.

Den Anfang ihrer Friedenspraxis machte die Gründung der Österreichischen Friedensgesellschaft (1891), die unter ihrem zielbewussten Vorsitz infolge ihrer organisatorischen Fähigkeiten vortrefflich gedeiht und sich innerhalb der Bewegung hohen Ansehens erfreut.

Für die Gewissenhaftigkeit, mit der die Präsidentin ihre Aufgabe auffasst, spricht die bezeichnende Tatsache, dass sie zu jeder Sitzung des Vorstandes eigens nach Wien kommt. Kurz nach dem Entstehen dieses Vereins besuchte sie als dessen Vertreterin ihren ersten Friedenskongress, den zu Rom abgehaltenen. „Es erregte bei den hunderten von Delegierten kein geringes Aufsehen," bemerkt Frida Brasch, „diese ihrer Erscheinung nach ebenso vornehme als interessante Dame zu sehen, wie sie, getragen und erfüllt von der Begeisterung für die grosse Friedensidee, aber auch voll Takt und mit politischem Verständnis, durch ihre Ansprachen, Reden, Anträge und Abstimmungen bestimmend in die Debatten eingriff und zu dem Gelingen der so schwierigen Verhandlungen mit beitrug. Und es war wirklich ein für uns Deutsche ebenso schmeichelhafter wie erhebender Moment, als am Ende der Verhandlungen die gesammte internationale Versammlung sich erhob und der mutigen Frau ihre Huldigungen darbrachte." Sie selbst schilderte einem „Interviewer" gegenüber die Empfindungen, die sie hatte, als sie auf dem Kapitol zu den Vertretern so vieler Länder sprach, folgendermassen:

Einen Augenblick lang wollte mich ein Gefühl der Schwäche, wenn ich es so nennen darf, beschleichen. War ich doch die erste Frau, die an dieser weltgeschichtlichen Stelle eine öffentliche Rede halten sollte. Aber ich sagte mir, dass ich im Dienste einer grossen Idee stehe, dass ich diesen ernsten Männern aller Nationen Wichtiges, Interessantes mitzuteilen habe, und ich fand nach kurzer Zeit meine volle Ruhe und Sicherheit wieder. Ich wollte keine

bedeutende Rede halten, sondern einfach aussprechen, was
ich denke und fühle, wie ich es jetzt Ihnen gegenüber tue.
Und das war der richtige Weg, um meine Scheu vor einem
öffentlichen Auftreten zu überwinden. Der Augenblick
aber, wo ich an derselben Stelle, von der aus einst Cicero,
Cäsar und Antonius zum römischen Volke sprachen, für die
Ideen des allgemeinen Weltfriedens eintreten durfte, wird
mir stets unvergesslich bleiben.

Fast unmittelbar nach der Rückkehr von Rom rief
sie die bereits erwähnte Monatsschrift „Die Waffen
nieder" auf Grund einer zeitgemässen Idee A. H.
Frieds ins Leben. Nur wenige ahnen, wie grosse
Zeitopfer sie dieser verdienstvollen Revue viele Jahre
hindurch brachte und wie schmerzlich sie deren Eingehen
nach achtjährigem Bestand beklagte. Es war
in der Tat recht schade, dass sich das schöne Unternehmen
nicht halten konnte.

1892 veröffentlichte die Suttner unter dem Titel
„Es müssen doch schöne Erinnerungen sein"
eine herrliche, ergreifende Episodenschilderung aus
dem deutsch-französischen Krieg. Diese packende
Erzählung ist von der Verfasserin selbst und von verschiedenen
Rezitatoren häufig zu Zwecken der Friedenspropaganda
öffentlich vorgelesen worden, stets mit
mächtiger Wirkung. In ihren späteren Büchern „Doktor
Helmuts Donnerstage" (1893), „Vor dem
Gewitter" (1894) und „Schach der Qual!" (1898)
widmete sie ihrem Lieblingsthema je ein bis drei
Kapitel bezw. Abschnitte. 1896 erschien wieder ein
echtes, ganzes Friedensbuch: „Wohin? Die Etappen
des Jahres 1895." Es ist die Weltgeschichte eines

ereignisreichen Jahres vom Standpunkte der Friedensfreundlichkeit. „Gehen wir dem Krieg entgegen oder dem Frieden?" fragt die Baronin darin. „Führen die Geschehnisse die Taten und die Geisteskämpfe unsrer Zeit zum Umsturz oder zum Umschwung, zur endlosen Befehdung oder zur Versöhnung? Wohin?" Sie beleuchtet hell das Gestern und lässt uns klar das Morgen erkennen. Ihre Antwort lautet: „Dorthin!" und sie zeigt dabei auf die Fahne der Menschlichkeit, die sie hochschwenkt. Ein anonymer Kritiker sagt von dem Buch: „Es gibt tausendfache Anregung ... In ihrer Kritik entfaltet sie den ganzen sittlichen Ernst, die ganze hohe Begeisterung ihres warmen Herzens ... So gestaltet sich ihre Chronik zu einer von glühender Liebe zur Menschheit getragenen Verteidigung einer grossen Kulturidee. Eine mustergültige Klarheit des Stils, eine Fülle tiefsinniger, geistreicher Wendungen macht die Lektüre dieser Schrift gleichmässig zu einem ästhetischen Genuss und zu einer sittlichen Freude."

Teils um der Friedenssache wirksam zu dienen, teils um die dieser Sache gewidmete literarische Tätigkeit der Suttner gleichsam in ihrer Quintessenz oder in der Nussschale zu zeigen, gab ich anfangs 1896 unter dem Titel „Krieg und Frieden, Erzählungen, Aphorismen und Betrachtungen von Bertha von Suttner" (Berlin, Rosenbaum & Hart, 194 Seiten, Preis nur 1 Mark) die besten einschlägigen Auszüge aus ihren bis 1895 erschienenen Büchern und Aufsätzen in einer von mir besorgten Zusammenstellung heraus. Ich möchte hier ganz besonders auf „Ein Testament" und „Die lustigste Stadt der Welt" auf- aufmerksam machen.

Höchst charakteristisch ist die Antwort, welche die Baronin auf zwei Rundfragen erteilte, die ein Wiener Blatt zu Neujahr 1895 an hervorragende Persönlichkeiten verschickt hatte. Die Fragen lauteten:

„1. Welches Ereignis und welcher Fortschritt des abgelaufenen Jahres hat Sie mit der grössten Befriedigung erfüllt? 2. Was wünschen Sie vor allem vom kommenden Jahr?" Die bezeichnende Antwort lautete:

Ad. I. Wenn man auf ein leuchtendes Kulturziel den sehnsuchtsvollen Blick gerichtet hält, so ist's im Laufe eines Jahres nicht nur ein Ereignis, das uns Befriedigung gewährt, sondern das Zusammentreffen vieler Ereignisse, welche alle die Annäherung an jenes Ziel bedeuten. In diesem Sinne haben mich tausend verschiedene Zeichen, die in dem verflossenen Jahre auf die Entwicklung des Zeitgeistes in der Richtung der Völkerversöhnung hingewiesen, mit Freude erfüllt. Davon seien hier einige, ohne Sonderung der Gebiete und ohne weiteren Kommentar, hergezählt: Die spontanen Sympathiebezeigungen beim Tode Carnots — namentlich von Seite des deutschen Kaisers; die am Sarge Alexanders III. dem Begriffe „Frieden" einstimmig dargebrachte Huldigung; die gegen die Lasten und Drohungen des Militarismus gerichteten Worte der letzten Encyclika; die Aufnahme des Schiedsgerichtsprinzips in das Programm der deutsch-freisinnigen Partei; die Weglassung der Rüstungsfrage in den letzten Thronreden von Rom und Berlin; die Betonung in diesen beiden selben Reden eines neu entstehenden „europäischen Familiengefühls"; die Verkündung der Interessensolidarität aller zivilisierten Nationen auf den stattgehabten Arbeiter-, Ärzte- und Soziologenkongressen; die Aufwerfung der Friedensfrage in den verschiedenen europäischen Parlamenten (zuletzt in Wien, 10. November, durch den Abg. Dr. Scheicher); die Unterzeichnung einer Petition in England (zur Unterstützung des ständigen Schiedsgerichts-Vertrages mit den Vereinigten Staaten) mit drei Millionen Unterschriften; die von den Regierungen von Belgien und Holland dem Antwerpener Friedenskongress und der interparlamentarischen Konferenz erwiesenen Ehren; das Fraternisieren deutscher und französischer Soldaten an der Grenze; der Triumph Wagners in Paris; die Erfolge des Théâtre libre in Berlin; das Eindringen Sudermanns und Hauptmanns auf die französische Bühne; die beiden letzten Meisterbücher Leo Tolstojs; Stucks mächtiges Anklagebild: „Der Krieg".

Ad. II. Nicht, wie das alle offiziellen Kundgebungen wiederholen, dass der Frieden erhalten, sondern dass er geschaffen werde — dass nämlich irgend eine Regierung die glorreiche Initiative ergreife zur Einberufung einer europäischen Friedfertigungskonferenz.

Diese „Friedfertigungskonferenz", deren Kommen sie übrigens schon einige Jahre früher vorhergesagt hatte, ist bekanntlich nur wenige Jahre später wirklich von einer Regierung, der russischen, einberufen worden. Es war die epochemachende, von Nichtkennern der Entwicklungslehre und der Friedensbewegung leider sehr verkannte und unterschätzte „Haager Konferenz", der denkwürdigste Kongress der Weltgeschichte — denkwürdig nicht nur durch seine Natur, sondern auch dadurch, dass er aus der Initiative gerade des Zars hervorging. Kurz nach der Veröffentlichung der beiden „Zarenmanifeste" lief durch die Presse eine Notiz — des Inhalts, Fürst D . . . w, ein Verwandter Nikolaus II., habe von diesem selbst erfahren, dass die Lektüre des Romans „Die Waffen nieder!" ihn zu jenem bedeutsamen Schritt veranlasst habe. Allerdings stellte sich nachträglich heraus, dass die eigentliche Veranlassung das Studium des grossen Kriegswerkes des Staatsrates Johann von Bloch gewesen war; allein dass auch „Die Waffen nieder!" den Beherrscher des russischen Reiches bei seinem Entschluss mit beeinflusste, unterliegt kaum einem Zweifel. Zum Triumph des Erlebens der Erfüllung ihres Wunsches gesellte sich also der des Bewusstseins, zu dieser Erfüllung selber direkt beigetragen zu haben. Dass etwas an der Sache war, ging schon aus der Aufsehen erregenden Unterredung hervor, die sie mit Murawiew, dem russischen Minister des Auswärtigen, in Wien hatte.

Weitere Triumphe im Zusammenhang mit der Haager Konferenz feierte sie an Ort und Stelle. Während der ganzen Dauer der Tagung weilte das Harmannsdorfer Ehepaar teils im Haag, teils in dem benachbarten Scheveningen. Ihr dortiger Salon ist von A. H. Fried in seinem Buch „Unter der weissen Fahne" ausführlich geschildert worden. Balduin Groller bemerkt darüber:

Bertha von Suttner weilte während der ganzen Dauer des Kongresses im Haag. In ihrem Salon — vielleicht der interessanteste und bedeutsamste politische Salon einer Frau, den es jemals gegeben — wurde inoffiziell der Nebenkongress abgehalten, und dieser mag in manchen Stücken nicht unwichtiger gewesen sein, als der offizielle. Sie war dort die kundige Egeria, und zahlreiche offizielle Vertreter haben eingestandenermassen es sich angelegen sein lassen, sich an der Quelle informieren zu lassen in einer Wissenschaft, in welcher sie sich als Neulinge fühlten, durch die Meisterin in dieser Wissenschaft. Denn tatsächlich ist Bertha von Suttner für die Friedenswissenschaft und alles, was damit zusammenhängt, ein wahres Konversationslexikon. Man braucht nur Auskunft zu verlangen; eine Lücke gibt es da nicht; sie hat ein stupendes Wissen und ein kolossales Gedächtnis.

Zu den regelmässigen Besuchern des Suttnerschen Salons gehörten Prof. J. Nowikow, Storthingpräsident Lund, General Türr, Staatsrat Bloch, Baron Staal, Minister Basily, Lord Paunceforte, William T. Stead, Léon Bourgeois, Baron d'Estournelles de Constant, Gesandter Okolicsányi, Graf Welsersheimb, Graf Gurko, Lord und Lady Aberdeen, Prof. Charles Richet, Gesandter Graf Gurowsky und viele andere. Ihre interessanten Erlebnisse und Begegnungen veranlassten die Baronin, ein Tagebuch zu führen, welches sie ein Jahr später (1899) in Buchform unter dem Titel ,,Die Haager Friedenskonferenz, Tagebuchblätter" herausgab.

Dieser stattliche Band bildet ein Selbstporträt, wie es anziehender kaum gedacht werden kann. Frau von Suttner gibt sich hier ganz ohne Pose, frisch und lebendig, sicher und selbstbewusst, dabei nie taktlos oder unbescheiden — sie bleibt stets die feine Weltdame, die sie immer war. Ein Memoirenwerk von geschichtlichem Wert, eine treue, aktenmässig belegte Beschreibung der Ereignisse, soweit sie überhaupt ohne Indiskretion veröffentlicht werden durften. Nebstdem finden wir jedoch so viel Persönliches und eine so grosse Fülle geistsprühender Bemerkungen, dass das Historische selbst den gleichgiltigsten Leser nicht langweilen kann. Weit entfernt, irgendwie trocken zu sein, ist das Werk eine geradezu künstlerische Arbeit, die alle Vorzüge der Darstellungskunst ihrer Verfasserin in hellstem Lichte zeigt. Niemand konnte zu dieser politisch und kulturell gleich wichtigen Arbeit berufener sein als sie.

Von den bedeutendsten Konferenzmitgliedern entwirft sie glänzende Charakteristiken. Viele hochinteressante Einzelheiten, die sie privaten Mitteilungen befreundeter Delegierter verdankte, gibt sie in abgerundeter pragmatischer Form wieder. Dazu kommt eine Reihe hier abgedruckter Briefe, die sie im Haag von auswärtigen hervorragenden Friedensfreunden empfing. Die lebhafte Wärme, mit der das Buch geschrieben, beweist, dass sie mit ganzer Seele bei ihrem Gegenstand ist; daher reisst sie den Leser mit sich fort und fesselt ihn von Kapitel zu Kapitel immer mehr, wenn er den Friedensbestrebungen nicht gewaltsam-feindselig gesinnt ist.

Die Baronin schreibt:

Ich bin die einzige Frau, welcher Zutritt gewährt worden. Stets werde ich für diese Ausnahmegunst dankbar sein. Denn der Eindruck, den ich hier gefunden, war wie die Krönung langjährigen, heissen Mühens, die Erfüllung hochfliegenden Traumes. — Friedenskonferenz: Zehn Jahre lang war das Wort und die Sache verlacht worden; ihre Teilnehmer, machtlose Privatleute, galten als Utopisten und Schwärmer; jetzt aber versammelten sich auf den Ruf des mächtigsten Kriegsherrn der Erde die Abgesandten aller

Machthaber, und ihre Versammlung führte denselben Namen: Friedenskonferenz. Dieses Wort zu hören, an dieser Stelle, in solcher Weise: das war der Eindruck, der mich so tief bewegte.

Der berühmte Völkerrechtslehrer Professor von Liszt sagt über das „Tagebuch":

Es gewährt künstlerischen Reiz, den wechselnden Gang der Ereignisse wiedergespiegelt zu sehen in dem Empfinden eines der grossen Idee gewidmeten Menschengeistes. Und die Schrift bietet zudem gar manche charakteristische Einzelheit über Personen und Beziehungen und damit einen für den Historiker wertvollen Kommentar zu den Protokollen der Konferez.

„Jeder Geschichtsschreiber wird es benützen müssen," meint Theodor Herzl, „weil die Friedenskonferenz ein unvergessliches Ereignis bleiben wird und Frau von Suttner der sozusagen inoffizielle Mittelpunkt des Ganzen war." Und ein anonymer Kritiker eines grossen Berliner Blattes äussert sich wie folgt:

Ein wertvoller Beitrag zur Zeitgeschichte ... Die Form der Darstellung macht die Lektüre zu einer besonders genussreichen. Man meint, man sässe der Friedensapostelin in ihrem Salon gegenüber und höre, wie sie einem als guter Kamerad alles erzählt, was ihr auf die Seele brennt. Stellenweise dünkt man sich sogar in besonderem Masse ins Vertrauen gezogen, denn Bertha von Suttner ist von einer erschreckenden Offenherzigkeit im Lob wie im Tadel von Personen ... Auf jeder Seite wird man sich von neuem bewusst, dass eine Frau mit einem spricht, die mit hervorragenden Eigenschaften des Geistes und des Herzens ausgestattet ist und der man in grösster Ehrerbietung gern auf das Verehrungsvollste ergeben ist. Die „Tagebuchblätter" sind zudem mit jener Grazie des Gesellschaftstones wahrer Bildung verfasst, dass schon ihr Milieu anziehend wirkt.

Für den aufmerksamen Beobachter der Zeitgeschichte ist der umfangreiche Anhang mit seinen im Wortlaut wiedergegebenen Dokumenten, an deren Spitze das Zaren-Manifest steht, ganz besonders wertvoll.

Ernste Menschenfreunde, die die Bedeutung der Haager Versammlung nur aus den teils mangelhaften, teils entstellten Mitteilungen der Tagespresse kennen, sollten es als Gewissenpflicht betrachten, das Suttnersche Tagebuch von der ersten bis zur letzten Seite aufmerksam zu lesen. Ausserdem hat die „Jeanne de Arc des Friedens" in mehreren angesehenen Zeitschriften und Zeitungen eingehende und lichtvolle Aufsätze über die Haager Konferenz und die Organisation des Internationalen Schiedsgerichts veröffentlicht. 1900 liess sie anonym die ausgezeichnete polemische Broschüre „Die andre Glocke" erscheinen als Antwort auf und Kommentar zu Graf Bülows bekannter „Flottenrede" von damals. Mit unerbittlicher Dialektik zerpflückt sie diese Rede, bis nichts Nennenswertes von ihr übrig bleibt.

Von scharfer Logik zeugen auch sehr viele Stellen des neuesten „echten Suttnerbuches": „Marthas Kinder", Weihnachten 1902 als Fortsetzung der Lebensgeschichte „Die Waffen nieder!" erschienen. Diesem neuen Roman kann man, im Gegensatz zu „Die Waffen nieder!", Mangel an Perspektive in der Anlage als Fehler anrechnen; auch einige Längen im episodischen Beiwerk lassen sich ihm zum Vorwurf machen. Sonst aber darf man nur von hohen Vorzügen sprechen und die Erwartung hegen, dass kein

Leser von „Die Waffen nieder!" die Fortsetzung ungelesen lassen werde. Die vorhandenen Kompositionsmängel können weder den literarischen noch den ethischen Wert noch das fesselnde Interesse des Romans erheblich beeinträchtigen, können nicht verhindern, dass dieser eine ebenso geistvolle wie spannende, eine ebenso bedeutende wie genussreiche Leistung sei.

Mit grossem Vergnügen begegnen wir hier wieder den Kindern der Baronin Martha Tilling in Gesellschaft Marthas selbst, des Arztes Dr. Bresser, des Ministers „Allerdings" und der Gräfin Lori Griesbach; dazu einer Anzahl neuer Gestalten: dem genialen jungen Dichter Hugo Bresser, dem alten Grafen Kolnos (dessen Urbild wir sofort in dem verstorbenen Friedensdichter Graf Rudolf Hoyos erkennen) u. s. w. — lauter scharf umrissene, vortrefflich gezeichnete Figuren. Hierbei fällt mir abermals auf, was mir beim Lesen der Suttnerschen Schriften stets aufgefallen ist: dass sie kaum je schlechte Menschen vorführt, fast nie Bösewichte schildert, sondern nur „Edelmenschen" oder gedankenlose beziehungsweise harmlose Durchschnittsleute. Das zeugt für ihr gutes Herz, für ihre Menschenliebe und ist schon an sich geeignet, ihre Romane über die Schablone zu erheben. Die vorurteilsvollen Flachköpfe benutzt sie in der Regel zur negativen Anbringung von Satire und Ironie.

Graf Rudolf Dotzky, Marthas Sohn aus erster Ehe, widmet sich von seinem 30. Jahre an gänzlich dem „Menschheitsdienst". Er verzichtet auf sein Fideikommis, auf den Glanz seiner sozialen Stellung, auf alle irdischen Vorteile, um als Apostel der Gequälten, Unterdrückten, Verfolgten, als Missionär des Völker- und Rassenfriedens, als Verkünder der Verbrüderungs- lehre in der Welt umherzuziehen. Speziell in der Friedenssache bringt uns „Marthas Kinder" bis zur Abfassung und Annahme des Descamps'schen Schieds- gerichts-Entwurfs und dessen Versendung an die Staats- regierungen (1895). Auch in diesem Buche spielt das auf die Suttner eine so grosse Anziehungskraft aus- übende „Herbstlaub-im-April"-Element eine Meister- rolle.

Von hohem Interesse sind die eingestreuten Briefe, die Björnson, Tolstoj und Egidy an Martha — d. h. Bertha — gerichtet haben. Reizend ist die Schilderung eines aristokratischen Hochzeitstages, an- ziehend die Beschreibung einer Première im Wiener Burgtheater. Im ganzen Buche gehen reiche poetische Schönheiten Hand in Hand mit logischer Schärfe und argumentativer Geschicklichkeit. Von feiner Seelen- Analyse zeugt namentlich die „Beichte", die Sylvia sich selber ablegt, als sie sich des Widerstreites ihrer Liebesempfindungen noch vor ihrer Vermählung be- wusst wird. Freilich folgt Sylvia ihrer besseren Ein- sicht leider nicht; dies bildet eine der Schwächen des Buches. Überhaupt dünkt uns Sylvia ausnahmsweise etwas verzeichnet; sie ist zu sentimental, weder Fisch noch Fleisch und füllt ihren Platz als Tillings Tochter nicht ganz aus.

Nach dem Lesen der Aushängebogen teilte ich

der Baronin meine Meinung über „Marthas Kinder" mit. Sie antwortete mir:

Ihre Kritik — „Mangel an Perspektive" — wird wohl die richtigste sein. Vielleicht wird dem durch die geplante spätere Fortsetzung abgeholfen werden, weil der Proportionsfehler der Geschehnisse und Charaktere wegfallen wird, wenn „Marthas Kinder" nicht mehr als ein Ganzes, sondern nur als ein Drittel des Gesamtplanes dastehen werden. Erst von nun an wird sich Rudolf von Dotzky so recht zeigen und erst jetzt wird der ganze Kampf der Friedens-Weltanschauung mit der kriegerischen zutage treten, denn in der Tat hat sich hierin erst von 1895 bis heute (Haag, Transvaal, Philippinen, Egidys und Blochs Auftreten, Staeds Kreuzzug, das imperialistische Fieber u. s. w.) deutlich und grossartig gezeigt, dass eine neue Politik sich Bahn brechen will und wie die alte Weltordnung sich dagegen sträubt.

Dem Erscheinen der angekündigten weiteren Folge der Schicksale Rudolfs darf man — wenngleich wahrscheinlich erst in einigen Jahren — mit Spannung entgegensehen. Voraussichtlich wird aber auch dieses Zukunftbuch noch lange nicht den Abschluss des literarischen Feldzuges der Generalstochter gegen den Krieg bilden — dieser ihrer Lieblingstätigkeit, welche ihr nicht nur viel Verdruss bereitet, sondern auch zahlreiche Ehrungen eingetragen hat. Fürstliche Orden und andere gewöhnliche Auszeichnungen hat sie allerdings nicht erhalten, wohl aber — abgesehen von einer ganzen Menge von Bücher- und Musikalien-Widmungen — sehr viele internationale Anerkennungen ihrer internationalen humanitären Wirksamkeit. Sie wird zu allen interparlamentarischen Konferenzen als einziger Nicht-Parlamentarier und einzige Dame eingeladen.

Wie bereits erwähnt, erlangte sie sogar zur Haager Versammlung Zutritt. Der Friedensverein zu Hammarkind im hohen Norden ehrte sie schon 1891 mit einer, die Namen sämtlicher rund 700 Mitglieder tragenden, gedruckten Adresse, in welcher es u. a. hiess:

Auch zu dem kalten Norden ist ein belebender Funke von Ihrer Geisteswärme hinaufgedrungen, und wir hoffen, dass derselbe zu einem weltumfassenden Feuer werde, die eiskalten Herzen, die noch Gegner des Friedensstrebens sind, zu erwärmen. Ehre sei Ihrem edeln Werk „Die Waffen nieder!", welches hier mit lebhaftem Interesse von jedem rechtschaffenen Friedensfreund gelesen wird . . .

Im gleichen Jahr erfolgte ihre Wahl zur Ehren-Vizepräsidentin der International Arbitration and peace association. Im März 1892 wurde ihr in Berlin nach einem Vortrag, den sie dort hielt, ein Bankett gegeben, bei welchem Männer wie **Friedrich Spielhagen**, **Albert Träger** und **Theodor Barth** als Redner auftraten. In demselben Jahr wurde sie ernannt: zur Ehrenpräsidentin der Internationalen Korrespondenz-Assoziation, zum Ehrenmitglied der Internationalen Friedens- und Freiheitsliga, zur Ehren-Vizepräsidentin der Liga internacional de la paz y fraternidad de los Pueblos in Barcelona und zum Ehrenmitglied der Sektion Bern der schweizerischen Friedensliga. Die betr. Zuschrift der letzteren sei hier auszugsweise angeführt:

Eine neue Ära unsrer Friedensbewegung hat begonnen, seit Ihr Stern am literarischen Himmel aufgegangen ist. Täglich vermehrt sich die Schar Ihrer Bewunderer, welche staunend zu Ihnen aufsehen als zu einem Feldherrn in dem grossen Kriege gegen Unwissenheit und Vorurteil. Niemand ist so sehr befähigt wie Sie, uns in diesem Kampfe zu führen. In seltener Weise vereinigen Sie mit einem wahrhaft männlichen Geiste, welcher die schwierigsten Fragen mit tiefer Sachkenntnis beherrscht und deren Probleme mit Leichtigkeit löst, eine vollendete weibliche Anmut, die Ihnen die Herzen aller im Fluge erobert. Sie verstehen es wie kein andrer, den Ton anzuschlagen, der vom Herzen kommt und zum Herzen dringt. Wie ein zündender Blitz wirkt Ihr Wort, wenn Sie mit beredtem Munde die unsäglichen Leiden der Menschheit durch den Krieg schildern. Ihnen ist es gegeben, unsre Bewegung zu popularisieren. Das Evangelium aller Zeiten und auch unsrer Zeit hat durch Sie einen neuen und beredten Ausdruck gefunden: das Evangelium der Nächstenliebe. . . . Aus tiefbewegtem Herzen sprechen wir Ihnen unsern Dank für Ihre Bestrebungen aus. Gestatten Sie uns, als kleines Zeichen unsrer Anerkennung und unwandelbaren Verehrung, Ihnen die Ehrenmitgliedschaft unsres Vereins anzutragen.

Zwischen 1893 und 1901 erfolgte ferner ihre Wahl zur Ehrenpräsidentin der Société d'études internationales, des Badener Friedensvereins, des Wiener Literarisch-gesellichen Friedensvereins und des National council of women of Great Britain and Ireland, zur Ehren-Vizepräsidentin der Ligue internationale des femmes pour le désarmement général, zum Ehrenmitglied des Comitato femenile per la pace e l'arbitrato zu Palermo, der Schwedischen Friedensgesellschaft, des Innsbrucker Akademischen Friedensvereins, der Ungarischen Friedensgesellschaft, des Ungarischen Tierschutzvereins und der General federation of women's clubs. Über eine ihrer neuesten Ehrungen (Sommer 1902) entnehme ich der „Friedenswarte" (Berlin) die folgenden Zeilen:

Bertha von Suttner weilte dieser Tage auf Schloss Ellischau beim Grafen Taaffe als Gast. Graf Taaffe ist der Sohn des früheren österreichischen Ministerpräsidenten und gehört vom September ab dem österreichischen Reichsrat an. Der junge Graf ist überzeugter Pazifist und gestaltete den Empfang der Baronin von Suttner auf seinem Schlosse zu einer grandiosen Friedensdemonstration. Das ganze Städtchen war festlich mit Fahnen und Friedensinschriften geschmückt. Der Lehrer hielt im Freien eine grosse Friedensansprache, wobei über 1000 Personen anwesend waren. Abends war der ganze Ort festlich illuminiert und von einer Bergeshöhe gegenüber dem Schlosse erstrahlte in Flammeninschrift das Wort „Pax".

Die grösste Auszeichnung steht der „Friedensfurie" noch bevor: die Zuerkennung des Nobel-Preises für Friedensbestrebungen. Die Erwähnung dieses Preises bringt mich auf eines der grössten Verdienste der Baronin zu sprechen: auf die Gewinnung des Dynamitkönigs Alfred Nobel für die Antikriegssache. Zwar teilte er ihr schon 1890 sein begeistertes Urteil über „Die Waffen nieder!" mit („bewundernswertes Meisterwerk", „köstliches Buch", „sollte in sämtlichen zweitausend Sprachen übersetzt, gelesen und beherzigt werden", „Zauber der Schreibweise und Grösse der Gedanken" u. dergl. m.), von der Friedensbewegung selbst aber wusste er noch so gut wie nichts, als er zwei Jahre später in Bern mit seiner alten Freundin zusammenkam. Diese schreibt:

Er liess sich zuerst alles über der Bewegung Mittel und Ziele erklären. „Wenn ich die Überzeugung gewänne," sagte er zu mir, „dass durch die Friedensliga das Ziel nähergerückt werden könnte, so würde ich einen grossen Betrag bestimmen; doch muss ich zuvor über die Sache

genau unterrichtet werden." Seither war er mit der Bewegung in steter Fühlung geblieben und erhielt stets genauen Einblick in deren Fortschritt und Ergebnisse.*) ...
In den letzten Jahren hat er regelmässig der österreichischen Friedensgesellschaft grössere Spenden zugewendet. ...
Wir verabredeten damals, dass wir zusammen ein Buch schreiben würden, ein Kampfbuch gegen alles Gemeine, und berieten schon über den Titel. Doch wie so manches Projekt, blieb auch dieses ohne Ausführung. Auf einen Brief, worin ich gebeten, er möge mit seinen grossen Mitteln etwas Grosses für die Friedensbewegung tun, erhielt ich nachfolgende Antwort (vom 7. Januar 1893):

"Liebe Freundin!

Glückliches Neujahr für Sie und für den grossherzigen Feldzug, den Sie so kraftvoll gegen die Unwissenheit und die Dummheit führen! Ich möchte testamentarisch einen Teil meines Vermögens als Preis bestimmen, der alle fünf Jahre (sagen wir sechsmal im Ganzen, denn wenn es in dreissig Jahren nicht gelungen ist, das gegenwärtige System zu reformieren, müsste man einfach zur Barbarei zurückkehren) jenem oder jener zuzusprechen wäre, welcher oder welche die Friedfertigung Europas um den grössten Schritt vorwärts gebracht hat. Ich spreche nicht von der Abrüstung, denn diese könnte sich nur schüchtern und langsam bewerkstelligen lassen, ja ich rede nicht einmal von der Frage des unbedingt obligatorischen Schiedsgerichtes. Aber man kann und man sollte bald zu dem Resultate gelangen, dass sich alle Staaten solidarisch verpflichten, gegen jenen vorzugehen, der zuerst angreift. Das hiesse den Krieg unmöglich machen und selbst die brutalste und unvernünf-

---

*) Die Baronin hielt ihn auf dem Laufenden und es fiel ihr nicht schwer, aus dem anfänglichen Saulus einen Paulus zu machen — Beweis dessen seine grosse Friedenspreisstiftung.

tigste Macht zwingen, beim Schiedsgerichte Zuflucht zu suchen oder Ruhe zu geben. Wenn der Dreibund statt dreier Staaten alle Staaten in sich aufnähme, wäre der Friede auf Jahrhunderte gesichert.*)

Die viertelhundertjährige Freundschaft, die zu Paris im Salon der Madame Adam begonnen hatte, endete mit Nobels Tod (Dezember 1896); kurz vor dem Sterben schrieb er ihr: „Ich bin entzückt über die Fortschritte der Friedensbewegung — dank den Vorurteile- und Wolken-Zerstreuern, unter denen Sie einen so hohen Rang einnehmen; das ist Ihr eigentlicher Adelstitel." Damals war sein seither so berühmt gewordenes Testament bereits niedergeschrieben — leider hinsichtlich des Friedenspreises bekanntlich in recht unklarer und unpraktischer Weise.

---

*) Siehe „Erinnerungen an Alfred Nobel" von Bertha von Suttner.

(„Neue Freie Presse".)

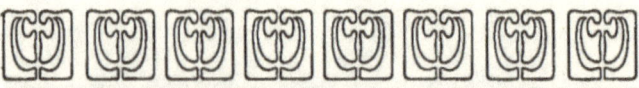

V.

Die neueren Werke.

Hierunter verstehe ich die nach dem Eintritt unsrer Heldin in die Friedensbewegung erschienenen Bücher, sofern ich sie nicht, als mit ihrer Friedenstätigkeit zusammenhängend, bereits im vorigen Kapitel besprochen oder erwähnt habe, wie „Marthas Kinder", „Die Haager Friedenskonferenz", „Die andere Glocke" etc. Wenn ich von zwei grösseren Novellen leichterer Gattung: „Im Berghause" und „Kukuk" absehe, bleiben noch zehn Bücher zu behandeln übrig, darunter nicht weniger als sechs Romane.

Was die letzteren betrifft, so steht in erster Reihe „Vor dem Gewitter" (1894), das die Tendenz zu haben scheint, die Lesewelt auf die soziale Frage aufmerksam zu machen. Die Gesellschaft soll veranlasst werden, die grossen Gährungen zu beachten, die sich in ihrem Schosse vollziehen; sie soll zum Rechten sehen vor dem Gewitter, damit dieses noch abgewendet werden könne. Dabei ergreift die Autorin für keine bestimmte Richtung ausdrücklich Partei; vielmehr steht sie über allen Richtungen und Parteien und tritt sämtlichen „Bewegungen", die auf eine rein menschliche Sozialreform abzielen, mit rein menschlichem Wohlwollen gegenüber — sei es die „ethische Kulturbewegung" oder die Friedensanstrebung, der Sozialismus u. s. w. Offenbar huldigt sie dem richtigen Grundsatz: „All's fish that comes to net."

Wir hören über die soziale Frage in dem eleganten Salon eines freiheitlichen Parlamentariers diskutieren, wir begegnen ihr in der geschmacklos ausmöblierten Bürgerstube und mit dem ganzen feinsinnigen Verstande, der Bertha von Sutter eigen ist, sie hält die vielfachen Abstufungen in den fortschrittlichen und den reaktionären Anschauungen auseinander.

Selbstverständlich kleidet diese bewährte Feder ihre Tendenzen in das Gewand einer interessanten novellistischen Handlung, die sich mit Hilfe einer Anzahl vortrefflich charakterisierter Personen abspielt. „Tante Therese" und „Frau Marqua" sind heitere Kabinetstücke der unwissenden Dummheit, Baron Achrenberg ist das Muster eines leibhaftigen Konservativen, Klast von Hollendorf, „die goldene Mittelstrasse genannt", das Prototyp des modernen Durchschnittsmenschen. Ungemein sympathisch sind die Gestalten Ludmilla Goth — die eigentliche Heldin —, Karl Cremer, der für die ethische Bewegung begeisterte Verleger, die Sozialisten Degemeister und Arold, endlich der jugendliche Friedensapostel Albert Bisthurn. Der Klerikalismus ist durch das im Kloster erzogene, sehr bigotte junge Mädchen Maria Dobicic vertreten.

Die reiche Hamburger Erbin Ludmilla Goth, die sich in Wien aufhält, gewinnt hier durch Freunde Einblick in und Interesse für die wichtigen Zeitfragen, von denen sie früher wenig wusste. Sie hat, obgleich schon 28 Jahre alt, nicht heiraten wollen — teils aus Unabhängigkeitsliebe, teils weil sie in einer Jugendliebe getäuscht worden ist und ohne Liebe nicht heiraten mag. In Wien verliebt sie sich in den Sozialpessimisten Degemeister und er in sie. Ihn würde sie gern ehelichen, aber es zeigt sich, dass er vermählt ist, und so scheiden sie, unglücklich, für immer. Ludmilla reicht nun ihre Hand der „goldenen Mittelstrasse" und vegetiert unbefriedigt dahin. Inzwischen nimmt sie fortgesetzt warmen Anteil an den modernen Reformbewegungen und sucht in der Beschäftigung mit ihnen Trost. Ihre Liebe zu Degemeister kann sie aber nicht vergessen. Eines Tages begegnet sie ihm auf einer Reise zufällig wieder — kurz nachdem sie erfahren, seine Frau sei gestorben. Erst war er nicht frei und jetzt ist sie's nicht. Die beiden gehen zusammen spazieren, werden von einem furchtbaren Unwetter überrascht, flüchten in eine Köhlerhütte und sterben dort, vom Blitz getroffen, nach dem ersten Kuss, den sie sich geben.

Dies das Gerippe der Haupthandlung.

Der Roman enthält prächtige satirische Schilderungen des Lebens und Treibens der österreichischen Aristokratie, der öden Soireemeierei, eines Wiener Blumenkorsos, der Musik- und Theaterausstellung im Prater 1892 — alles höchst naturgetreu. Packend und frappant richtig ist das Bild, das im 7. Kapitel von der Mädchenerziehung in den katholischen Klöstern entworfen wird. Die pfäffische Verlogenheit der Römlinge puncto Liberalismus und Freimaurerei wird uns in drastischer Weise vorgeführt. Die geistige Abhängigkeit, in der man die Frauenwelt in Mitteleuropa gern noch halten möchte, geisselt die Baronin mehrmals empfindlich. Diese lässt es auch nicht fehlen an schönen Zügen inniger Liebe zwischen Mann und Weib, zwischen Eltern und Geschwistern. Schliesslich sei noch einer köstlichen humoristischen Zusammenstellung (im 14. Kapitel) aller landläufigen Einwendungen gegen den Anschluss der Leute an die Friedensbewegung Erwähnung getan.

Ganz problem- und tendenzfrei ist „Einsam und arm", die in Tagebuchform gehaltene Lebensgeschichte eines Greises, der ein sehr einfaches, alltägliches, armseliges, kleinbürgerliches Leben hinter sich hat. Es ist der Roman der Alltäglichkeit, des besseren Dutzendmenschen. Es zeigt, in welcher Weise die kärglichsten, kleinlichsten, nüchternsten Verhältnisse dem sinnenden Beobachter zu einem Mikrokosmus des Menschendaseins werden können. Das Ganze ist von einer kopfschüttelnden Resignation durchzogen, die auch die heiteren Strahlen eines sich selbst und die Welt belächelnden Humors zulässt. Der Reichtum an prächtiger Detailmalerei ist erstaunlich. Karl Binsensteins Tagebuch bildet eine von tiefstem Gemüt und edelster Menschen-

und Tierfreundlichkeit zeugende Kunstleistung ersten Ranges. Der Held, der kein Held ist, beschliesst sein unbedeutendes Dasein, das sich durch keine sonderlichen Schicksale auszeichnet, als armer Teufel in ländlicher Zurückgezogenheit, von jeder verwandtschaftlichen Teilnahme ausgeschlossen. Ein zugelaufener, hässlicher Hund ist das einzige Wesen, zu dem er innigere Beziehung unterhält. Schliesslich nimmt er sich, um dem Siechtum des Magenkrebses zu entgehen, in recht origineller Weise das Leben, nicht ohne vorher seinen Pudel in der Stadt gut versorgt zu haben. Hellmuth Mielke schreibt:

Dies Buch und seinen Inhalt versteht nur, wem im Herzen das grosse Mitleid mit dem Elend der menschlichen Kreatur lebt, wem das Allerbarmen Sinne und Geist geöffnet hat für das stille — und doch unter den gleichen Empfindungen des Schmerzes und der Freude wie das laute, lärmvolle — zuckende Dasein des Verlassenen und Vereinsamten. Überall betont die Verfasserin die geistige Unbedeutendheit ihres Helden oder vielmehr sie lässt diese ihn selbst betonen, aber mit gleicher Absichtlichkeit hebt sie hervor, wie die Weisheit des Alters auch dem kommen kann, der weder klug noch gross in seinem Leben war. Man weiss, dass es die geistreiche, adelige Schriftstellerin ist, die durch den Mund des alten, kleinbürgerlichen Mannes spricht, aber alles, was er niederschreibt, die Gedanken, zu denen ihm die Wirrsale seines Daseins zusammenschiessen, sie klingen als das Gold seiner, nicht ihrer Lebenserfahrung — gewiss ein Beweis künstlerischer Individualisierung und Verinnerlichung. Das Inventar einer armen Seele, der doch in der Armut und Einsamkeit die Lebenstriebe noch nicht erloschen sind, sondern nur eine andere Richtung gewonnen haben! Von diesem künstlerischen Prozess, welchem die Verfasserin ihren Gedankenreichtum unterzogen hat, zeugen jedoch selbst die flüchtigsten Silhouetten der vielen in der Erinnerung oder vor den Blicken ihres Helden auftauchenden Gestalten; jede offenbart in ihrer Charakteristik das Mass jener konzentrierten Gestaltungskraft, die das Leben mit raschem Zug nach seiner für den Augenblick bedeutsamsten Erscheinungsseite wiederzugeben vermag.

In „Eva Siebeck" behandelt die Suttner das Kapitel von der erblichen Belastung. Graf Robert von Siebeck heiratet die junge Eva von Holten, eine prächtige Frauengestalt, um sich und seine Geliebte, die Gemahlin seines Kommandeurs, von dem Verdachte des Ehebruchs zu reinigen. Eva selbst hat von dem Betruge nichts gemerkt. Sie glaubt sich von ihrem Gatten geliebt und wird nur allzubald enttäuscht. Hatte man ihr auch schon seit Jahren gesagt, dass sie darauf angewiesen sei, eine gute Partie zu machen, so regte sich doch im tiefsten Winkel ihres Herzens die Romantik und die Schwärmerei, und sie wird aus allen ihren Himmeln gerissen, als sie erkennt, dass Robert von Siebeck der nüchternste, prosaischste Mensch, der ihr je im Leben begegnet, ja, dass er ein Trunkenbold ist. Alle ihre Versuche, bessernd auf ihn einzuwirken, schlagen fehl, und aus der Liebe wird Hass und Abscheu. Die junge, unerfahrene Frau hätte die seelischen Erschütterungen nicht ertragen, wenn sie nicht in ihrem taktvollen und edlen Schwiegervater Ralph einen Beschützer gefunden. Zu ihm blickt sie auf wie die Tochter zum Vater, und als sie erfährt, dass Robert eigentlich gar nicht der Sohn des Grafen Siebeck ist, gibt sie auch einer anderen Liebe Raum. Nach schweren inneren und äusseren Kämpfen wird ihr das Glück zuteil, den „Edelmenschen" Ralph als Gatten begrüssen zu können. Die Verwickelungen lösen sich sehr geschickt, die Charaktere sind scharf und klar gezeichnet, die Handlung ist originell, reich und spannend, es fehlt auch nicht an gut durchgeführten Seelenkämpfen.

Nicht minder fesselnd geschrieben ist der Roman „La Traviata", in seiner ersten Auflage „An der Riviera" betitelt. Rühmenswert ist seine Fülle von Zügen feiner, dichterischer Anschauung aus tiefwirkenden Gegensätzen. Die Motivierung der Schlusskatastrophe wirkt erschütternd.

Von vortrefflicher Tendenz ist der gegen das Hazardspiel gerichtete Roman „Trente-et-quarante". Der österreichische Edelmann Delnitzky, der gegen den Willen seiner Sippe sich mit einer armen Beamtentochter verheiratet hat, lebt zurückgezogen, aber sorgenfrei auf seinem Gütchen Kronburg und hütet sein Töchterchen Sarolta, die sich zu einer Schönheit ersten Ranges entwickelt, wie seinen Augapfel. Um sie während eines Wiener Karnevals in die „Welt" einzuführen, nimmt er eine Anleihe auf. In Wien wird das schöne Mädchen von der „Gesellschaft", die dem Vater die „Messalliance" noch nicht verziehen hat, kaum beachtet. Delnitzky wünscht nun, reich zu werden, um sich an der „Welt" moralisch zu rächen. Ein alter Freund rät ihm, damit Sarolta einen reichen Gatten finde, eine Saison in dem eleganten Baden-

Baden zu verbringen, aber dort ja nicht zu spielen. (Damals bestanden noch die drei süddeutschen Spielbanken.) Sehr hübsch ist die Szene, in welcher der arglose Freund dem Edelmann, der ausser dem Piquet kein Spiel kennt, das Trente-et-quarante beibringt und dann viel Geld an ihn verliert. Nach des Gastes Abreise spielt Delnitzky häufig mit Frau und Tochter das erlernte Hazardspiel und gewinnt zumeist. Dadurch wird seine anfängliche Abneigung gegen die angeratene Reise überwunden, denn er hofft im stillen, in Baden-Baden nicht nur einen Schwiegersohn zu finden, sondern auch an der Spielbank sein Glück zu machen. Mit psychologischer Meisterschaft werden die Seelenkämpfe geschildert, die der einfache, schlichte, gute Baron vor und nach dem Reiseentschluss zu bestehen hat, bis er endlich zum Gewohnheitsspieler wird, der sich und die Seinigen zu Grunde richtet. Eine köstliche Figur ist die gemütliche, schwatzhafte russische Fürstin Bobritzin, eine Gönnerin Saroltas; sie verliebt sich in die Schönheit des Mädchens und hätte nichts dagegen, wenn ihr Sonderling von Neffe sie zur Frau erwählte. Sarolta entbrennt denn auch in heisser Liebe zu diesem, auf Weibertreue nichts haltenden Manne. Nach allerlei aufregenden Erlebnissen erkennt sie aber in ihm einen Wüstling; als er ihr demütigende Vorschläge für die Zukunft macht, erschiesst sie sich, „um zu beweisen, dass ich ein ehrliches Mädchen bin."

Die Handlung von „Trente-et-quarante" ist überaus fesselnd und die Charakterzeichnung sehr plastisch —

einschliesslich der Episodenrollen, die zum teil wahre Kabinettsstücke sind, wie z. B. die Zimmervermieterin Kölner. Wäre Frau von Suttner nicht Schriftstellerin geworden, sie hätte eine ausgezeichnete Bildhauerin werden können: so plastisch arbeitet sie ihre Gestalten heraus. Am einheitlichsten durchgeführt ist der Charakter Delnitzkys, während uns bei demjenigen Saroltas einige kleine Folgeunrichtigkeiten mit unterzulaufen scheinen. Von grosser Anschaulickeit sind die Beschreibungen des ehemaligen Spielbanklebens zu Baden-Baden, Homburg und Wiesbaden; man glaubt förmlich, die eintönige Stimme des Croupiers und das Scharren der Goldmünzen zu hören.

Der letzte der in Rede stehenden „späteren" Romane ist „Hanna" (1894). Professor Ewald Ballmann setzt in sein hübsches Frauchen mit Recht unbegrenztes Vertrauen. Da er als Bücherwurm keine Bälle besucht, Hannas Lebensfreudigkeit aber nicht leiden lassen will, gestattet er ihr, Gesellschaften, Bälle u. s. w. in Begleitung ihrer Patin, einer Excellenzwitwe, zu besuchen. Hanna schenkt in ihrer Eitelkeit und Sentimentalität den leidenschaftlichen Werbungen eines Grafen Edelberg schliesslich insofern Gehör, als sie ihm nach Wien folgt, wo er in einem der ersten Hotels eine Wohnung für sie bestellt hat. Aber bei ihrer Ankunft in der Hauptstadt erfährt sie, der Graf sei soeben einem schweren Unfall erlegen. Aus Scham — obwohl sie sich keines wirklichen Fehltritts schuldig gemacht — will sie ihm in den Tod folgen; aber ihre starke Lebenslust gewinnt die

Oberhand. Da die sittenstrenge Generalswitwe nichts von ihr wissen mag und eine Rückkehr zum Gatten der Ärmsten ausgeschlossen dünkt, beschliesst sie, ihre mannigfachen Begabungen in den Dienst des Kampfes ums Dasein zu stellen. Ihre langen, vergeblichen Bemühungen um eine Stelle beschreibt die Verfasserin köstlich; besonders gelungen sind die naturwahren Szenen in den verschiedenen Agenturbureaus. Endlich als „Probiermamsell" angestellt, gefällt sie einer Frau Edgecombe derart, dass diese sie zu ihrer Gesellschafterin macht und sie fürstlich ausstattet. Hanna begleitet die reiche Engländerin auf allen Reisen. Auf einer solchen begegnet sie — nach achtjähriger Trennung — dem Professor, der sie aber selbst nach vielen Zusammenkünften nicht wieder erkennt, was trotz ihres schwarzgefärbten Haares freilich nicht sehr wahrscheinlich klingt. Wäre Ewald der zerstreute Bücherwurm von früher geblieben, so ginge das noch an; aber er ist ein anderer Mensch geworden. Die Flucht Hannas hat ihn aufgerüttelt und er hat sich gesagt, dass ein grosser Teil der Schuld ihn selbst treffe; mit einer zur richtigen Zeit gemachten Erbschaft ist er nach Amerika gegangen, wo er praktisch denken und das Leben kennen gelernt hat. Als vorurteilsloser, gereifter Weltmann nach Europa zurückgekehrt, verliebt er sich in Hanna, und schliesslich wird aus den beiden neuerdings ein Ehepaar, diesmal aber ein vollkommen glückliches.

Steht „Hanna" — gleich „Eva Siebeck" — hinter manchem Werk der Baronin auch weit zurück (sind doch keines Schriftstellers Werke allesamt gleich bedeutend!), so verdient es immerhin reichliches Lob. Die Handlung ist so spannend, die Sprache so flott wie je, auch fehlt es nicht an zahlreichen Verkörperungen Suttnerscher Lebensweisheit und Ethik. Sogar eine Tendenz schlummert im Hintergrunde, nämlich die allen jungen Ehemännern anzuempfehlende Moral, dass man ein junges, schönes, lebenslustiges Weibchen nicht so sehr sich selbst überlassen soll, damit es nicht Zeit habe, auf Abwege zu geraten, wie die Titelheldin des in Rede stehenden Romans. Wie so oft, versteht es die Verfasserin auch hier vorzüglich, Liebesszenen zu schildern; sie tut es mit Glut, Leidenschaft und Innigkeit, wie das nur wenige Autoren können. Dabei trotz aller „Realistik" keine Spur von Indecenz.

„Phantasien über den Gotha" betitelt sich eine zwölfteilige Novellensammlung, welcher ein origineller Gedanke zugrunde liegt: die Verfasserin blättert im Gotha'schen Kalender und knüpft an einzelne der darin vertretenen Namen phantasievolle Geschichten an. Hierbei entwickelt sie als Kennerin des „höheren" Gesellschaftslebens eine so erstaunliche Vielseitigkeit der Darstellung, dass die verschiedensten Fragen des öffentlichen Lebens gestreift und durch grelle Schlaglichter beleuchtet werden. Einige dieser zwölf novellistischen Plaudereien sind von köstlicher Frische, andre von ergreifender Gemütstiefe. Die Sammlung „Schmetterlinge" enthält eine Reihe reizender Feuilletons und Causerien, die nur in ihrer Anmut an

Schmetterlinge erinnern, im übrigen aber nicht bloss allerliebst, sondern auch tief, nicht nur unterhaltend, sondern auch geistreich-belehrend sind. Ernste und heitere Stoffe aller Art werden in entzückender Weise behandelt und jedes einzelne „Sächelchen" ist ausnahmlos von dauerndem Wert.

Das letztere gilt entschieden auch von einer dritten Sammlung: „Doktor Hellmuths Donnerstage" (1892). Hier finden sich in 23 Kapiteln zahlreiche wichtige Zeit- und Streitfragen in graziösester Form besprochen und durchaus eigenartig beleuchtet — „23 freie Vorträge", deren meiste Doktor Hellmuth, dem freigeistigen Mittelpunkt einer ästhetisierenden Donnerstagsgesellschaft, in den Mund gelegt werden. Selbstverständlich ist der ernste, menschenfreundliche, vorurteilslose, die Übel unsrer Zeit — insbesondere die so verbreitete geistige Unfreiheit der meisten — mit feinem Sarkasmus übergiessende, stets den Nagel auf den Kopf treffende Doktor mit der wahrhaft demokratisch gesinnten Schlossfrau von Harmannsdorf identisch, die in diesem Buche alles in der Luft Liegende kurz, lebhaft und tief behandelt. Sie bietet eine reiche Fülle von Anregung, von Belehrung, von Stoff zum Selbstweiterdenken. Nirgends ein Satz, der daneben fällt, der als leere Phrase gelten könnte, der nicht unser Innerstes erfasste und zur Zustimmung oder zum Widerspruch herausforderte. Derselbe Geist massvollen Freisinns, dem wir im „Maschinen-Zeitalter" begegnet sind, durchweht diese philosophischen, naturwissenschaftlichen, literarischen, politischen und sozialen.

Plaudereien. Trotz aller Gelehrsamkeit keine Spur von trockenem Dozieren, vielmehr durchweg frische und erquickliche Darstellung. Welch' überraschende Vielseitigkeit dem Bande innewohnt, geht schon aus einem Teil der Kapitel-Überschriften hervor, wie z. B. „Weltanschauung", „Vorurteile und Gemeinplätze", „Das Gebet", „Büchner & Co.", „Für die Volksmassen", „Realismus", „Die Dummheit", „Si vis pacem" etc. Nebenbei bemerkt, gehört die letztgenannte satirische Skizze — ursprünglich mehrfach (auch in meiner bereits erwähnten Sammlung „Krieg und Frieden") unter dem Titel „Die lustigste Stadt" veröffentlicht — zu dem Aller-allerbesten, was die Suttner je über die Kriegs- und Friedensfrage geschrieben hat, und man weiss, was das heissen will.

Nunc venimus ad fortissimum. Das Beste bleibt zuletzt. Es betitelt sich „Schach der Qual! Ein Phantasiestück" (1899) und gehört zu den allerechtesten „Suttnerbüchern". Ein ebenso merkwürdiges wie herrliches Werk! Der Titel lässt die Richtung klar erkennen; noch deutlicher geht sie aus der folgenden Stelle der Einleitung hervor:

Und wie man auf stofflichem Gebiet alles zu überwinden trachtet, was, wenn ungebändigt, unsre Sicherheit, unsre Wohlfahrt, unser Leben bedroht — Gift, Flut, Blitz, Feuer —, so werde auch auf moralischem Felde überwunden, was Kränkung, Unterdrückung und Qualen nach sich zieht — „Schach der Qual!"

Prinz Roland, der angebliche Schreiber des Buches — natürlich abermals eine Verkörperung der Verfasserin — war ein steinreicher Mann. Sprosse eines einst regierenden Fürstengeschlechts, war er mit allen Herrscherfamilien Europas verwandt. Doch hatte er auch bürgerliches und proletarisches Blut in den Adern, da sein Vater in morganatischer Ehe mit einer Schauspielerin vermählt gewesen, die selber die Tochter eines Professors und einer Arbeiterin war. Aus der erlesenen Bibliothek seines Grossvaters, die die neuesten Ergebnisse auf naturwissenschaftlichem, sozialem und ethischem Gebiet enthielt, schöpfte er Interesse an den geistigen Zeitbewegungen. Auf langen Reisen ergänzte er seine einschlägigen Kenntnisse und lernte das wirkliche Leben kennen. Dann liess er sich ein neues Schloss am Strande des Mittelmeeres bauen und zog sich dahin zurück, um „Schach der Qual!" zu schreiben. Nachher zog er wieder in die Welt hinaus — als Missionär, um seine zahlreichen Anregungen, wie der Qual Schach geboten werden könnte, nach Kräften weiter auszustreuen und zu verwirklichen.

„Es ist das Beste und Reifste, was sie bisher geschrieben," schrieb mir M. G. Conrad in einem Privatbrief über „Schach der Qual!" Ich möchte noch weiter gehen und behaupten, dass „Schach der Qual!" eines der besten, reifsten und vor allem edelsinnigsten Bücher ist, die ich überhaupt jemals zu lesen das Glück hatte. Ja, die Lektüre hat mir nicht nur Bewunderung für den hohen Idealismus der Verfasserin eingeflösst und mir nicht nur einen ausserordentlichen literarischen Feinschmeckergenuss bereitet, sondern mir auch geradezu ein Glücksgefühl verursacht — eine Empfindung von Glück darüber, dass es Schriftsteller mit solchem Herzen, mit solch flammender Begeisterung für alles Gute und Schöne gibt. Dieses Bewusstsein bildet ein wahres Hoffnungs-Labsal für den Menschenfreund, der angesichts der zahllosen herrschenden Missstände auf allen Gebieten des menschlichen Lebens und Treibens oft in die Versuchung kommt, an der Welt zu verzweifeln, die leider immer nach zwei Schritten vorwärts einen Schritt rückwärts zu gehen scheint.

Das Schlagwort „Schach der Qual!" erklärt sich eigentlich von selbst. Es bedeutet, dass die Suttner sich in dem Buch die für ihr Denken bezeichnende Aufgabe gestellt hat, die hunderterlei Abarten von Qual, unter denen die Menschheit und die Tierwelt leiden, mitleidsphilosophisch darzulegen und ihnen in glühenden Lapidarsätzen von schärfster Eindringlichkeit und dabei zartester Milde „Schach" zu bieten. Ja, „wo das Strenge mit dem Zarten, wo Starkes sich und Mildes paarten, da gibt es einen guten Klang!" und die prachtvolle Schönheit und Kraft der Sprache, in der das Buch gehalten ist, führt an keiner einzigen Stelle zur hohlen Phrase. Ebenso wenig führen die zahlreichen sozial-ethischen Themata, die da behandelt werden, irgendwo oder irgendwie zu sogenannter „Trockenheit", vielmehr wirkt alles anregend, begeisternd. Überdies sind häufig reizende novellistische Kapitel eingestreut, die einer feurigen Liebesgeschichte gelten und von einer ebenso anmutigen wie üppigen Phantasie zeugen. Der Untertitel „Ein Phantasiestück" ist glücklich gewählt. Ich widerstehe der Vesuchung, Auszüge zu machen oder auf den Inhalt des ausgezeichneten Werkes näher einzugehen. Ich muss ihr widerstehen, denn ich wüsste nicht, wo anfangen und wo aufhören; die Wahl würde zur Qual — da rufe ich mir lieber „Schach der Qual!" zu und beschränke mich darauf, die Lektüre des Buches jedermann, der einen literarischen Hochgenuss und einen Vollmenschen liebt, aufs eindringlichste zu empfehlen. Möge es hunderttausende denkender Leser finden und möge jeder von ihnen das Gelesene nach Möglichkeit beherzigen — dann kann diese wahrhaft hinreissende Schrift der edelherzigen Baronin ungeheuren Segen stiften.

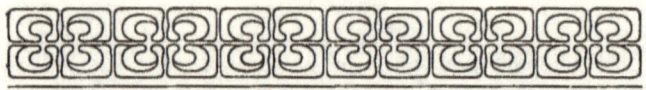

VI.

Allgemeine Würdigung.

Das hervorstechendste Merkmal der Suttner ist ihre Denkkraft und Starkgeistigkeit. Hiemit stehen im engsten Zusammenhang ihre argumentative Geschicklichkeit und ihre fabelhaft scharfe Logik — Punkte, in denen niemals eine weibliche Feder die ihrige erreicht, geschweige denn übertroffen hat. Hand in Hand damit gehen — teilweise sind es unmittelbare Ausflüsse dieser Eigenschaften — ihre Kunst, das epigrammatisch Zugespitzte, die geistreiche Pointierung, das Prickelnde, die treffende Persiflage oder Satire, die knappe Ausdrucksweise mit grösster Gewandtheit zu verwenden, sowie ihre meisterhafte Beherrschung des Briefstils.

Zu den Hauptzügen ihres Wesens gehört ferner ihre ausgesprochene Mitleidsfähigkeit — ein Zug, der sich durch ihre meisten Werke zieht und sie in meinen Augen zu einer wahren **Philosophin des Mitleids** stempelt. Sie bemitleidet alle leidenden Wesen — Menschen und Tiere — jeder Art und Gattung mit einem rührenden ethischen Mitleid, und sie weiss dieses auf allen Gebieten und in allen Tonarten überzeugend zum Ausdruck zu bringen. Ergreifende Beispiele davon finden sich in Hülle und Fülle in ihren frühren Werken, namentlich in „Das Inventarium einer Seele", „Ein Manuskript", „Vor dem Gewitter", „Das Maschinen-Zeitalter", „Die Waffen nieder!", „Einsam und arm"; geradezu grossartig und systematisch aber tritt diese herrliche Eigenschaft in „Schach der Qual!" zutage. Insbesondere die ausserordentliche Tierfreundlichkeit der Baronin äussert sich in glänzendster Weise in „Ein Manuskript", „Marthas Kinder", „Einsam und arm", „Die Waffen nieder!". Folgen ihrer grossen Herzensgüte sind ihre ausgeprägte Verfechtung der Duldsamkeit und ihre Vielseitigkeit im Schildern des Eheglücks. (Vergleiche II. Kapitel.)

Ein weiterer augenfälliger Grundzug ihrer literarischen Individualität ist das „Herbstlaub-im-April"-Element, das bei ihr immer wieder durchbricht, das heisst, die Vorliebe, mit der sie den Kampf zwischen Altem und Neuem schildert. Demgemäss zieht sich das Losgehen gegen weitverbreiteten Aberglauben, althergebrachte Vorurteile und „geheiligte" Überlieferungen als roter Faden durch das meiste, was sie schreibt. Daher ist sie durch und durch Tendenzschriftstellerin. Ihre Feder ist fast immer der Edelmenschlichkeit, der Freiheit, dem Fortschritt gewidmet. Nur ab und zu, gleichsam zur Erholung, schreibt sie kleinere Erzählungen „harmloser" Natur; aber auch in diesen steckt stets, wenngleich nur nebenher, etwas Besseres, Höheres, Menschheitsdienstliches. Von ihr kann man wirklich sagen, dass die Katze nie das Mausen lässt. Gewisse Ästhetiker haben ihr wegen ihrer Neigung zur Tendenzschriftstellerei die Künstlerschaft abgesprochen. Wie töricht! Erstens sollte jedes wirklich gute Buch die Absicht des Autors dartun, etwas zu sagen, ein Ziel zu verfolgen; zweitens kommt es ganz darauf an, wie etwas gemacht wird, und bei der Suttner erlangt die Tendenz dadurch doppelte Berechtigung, dass sie von lodernder und folglich hinreissender Begeisterung getragen ist; ihre überzeugende Kraft leiht ihr zwingende Wirkung. Interessant ist eine einschlägige Äusserung, welche unsre Autorin ihrem Doktor Hellmuth unterschiebt:

Ich bin ein grosser Freund von Tendenzromanen, und zwar infolge eines Vorzugs, welcher die genannte Kunstgattung in meinen Augen über andere belletristische Erzeugnisse erhebt. Nämlich die Eigenschaft, bei der Kritik und bei jedem Leser Anlass zur Parteinahme für oder wider die entwickelte These zu geben und so eine Betätigung von Gedankenkräften, eine Kampflust der Meinungen und eine Reibung der Ideen zu verursachen, aus der gewiss wieder einige Wahrheitsfunken sprühen.

Bei ihrem Streben nach Wahrheit erweist sie sich keineswegs als Pessimistin — ganz im Gegenteil! Überall tritt bei ihr ein starker Glaube an das Fortschreiten der Menschheit zum Guten hervor. Diesen Glauben schöpft sie aus den Lehren der Entwickelungsgeschichte. Sie weiss genau, dass nichts stillesteht, dass alles „fliesst", und deshalb kann sie sich nicht entschliessen, an Phrasen zu glauben wie „Es war immer so und wird daher immer so bleiben..." und dergleichen leeres Gewäsch mehr. Die Wissenschaft lehrt sie, dass es nicht „immer so war", folglich auch nicht „immer so bleiben wird". Wenn es aber auch „immer so" gewesen wäre, das würde für die Suttner, wie für jeden andern vernüftigen Menschen, noch kein Grund sein, dass es „immer so bleiben" müsse; Alter heiligt nicht...

Noch ein markantes Merkmal ist für die Suttnersche Schreibseele bezeichnend: ihre ungewöhnlich innige Verbindung von Dichterin und Denkerin, von Schriftstellerin und Philosophin. Diese beiden Individualitäten wohnen in ihrem Geist so freundschaftlich nebeneinander, dass sie sich gegenseitig aufs erfreulichste ergänzen und befruchten. „B. Oulot" schreibt dort, wo sie ein edles Ziel, einen altruistischen Endzweck verfolgt, stets eminent mit dem Herzen, wie ein richtiges Weib, und wie weiss sie vom Herzen zum Herzen zu sprechen! Aber ebenso eminent schreibt sie in den gleichen Fällen stets auch mit dem Verstand, und wie streng geschult ist ihr Verstand! Das Geheimnis ihres eigenartigen Wesens und ihrer grossen literarischen Erfolge liegt eben in dieser ausgeprägten Mischung von Gemüt und Vernunft, von Psyche und Logik. Sie hat den glänzendsten Beweis erbracht für die Möglichkeit des

Dualismus von Weltanschauung und Weltempfindung in der Frauenseele.

Ein literarischer Charakter wie der ihrige kann selbstverständlich keine Ängstlichkeit und Scheu kennen. Ihre strenge Logik muss sie zu geistiger Unerschrockenheit und sittlicher Furchtlosigkeit hinlenken. In letzterer Hinsicht spricht sie über manches, was falscher Prüderie anstössig scheint; doch wagt sie sich absolut nie über die Freiheit des Wortes hinaus bis zur Frivolität hervor. Dazu kommt eine beträchtliche Fülle teils schelmischen, teils ironischen Humors, der ihrer Darstellung auch bei den sprödesten Stoffen ein Gepräge hoher Anmut verleiht. Ihr Humor ist nach Rudolf Lothar „ein köstliches Ding. Sie kennt die kleinen Seiten der grossen Ereignisse und weiss sie mit feinem Sinn fürs Drollige zu beleuchten. Ihr Humor ist wie das Lächeln einer schönen Frau; das gibt auch dem unbedeutendsten Satz eine Bedeutung, unterstreicht die flüchtigste Bemerkung." Übrigens ist ihre Schreibweise oft auch dort, wo der Humor nicht in Betracht kommt, bezaubernd graziös und von künstlerischer Formvollendung. Freilich nicht immer. Zuweilen ist sie nämlich nicht genügend ausgefeilt, auch weist sie — besonders in den älteren Werken — häufig zu viele Austriazismen auf, wie z. B. „so gewiss" statt gleichsam oder gewissermassen, „fragen um . . ." statt nach, „erkundigen über . . ." statt nach, „Hindernisse gegen . . ." u. dergl. m. Auch in anderen Beziehungen gibt es manchmal etwas zu tadeln — natürlich, denn überall, wo es Licht gibt, gibt es

Schatten. Ich überlasse die Hervorhebung der literarischen Mängel der grossen Schriftstellerin dem Kollegen Rudolf Lothar:

Ihre Technik leidet unter Unebenheiten. Sie sagt im „Inventarium" von sich selbst: „Es ist nichts Ganzes, Festes, Einheitliches in meiner Existenz und meinem Wesen." Besonders ihre ersten Bücher litten unter einer gewissen Zerfahrenheit; die Handlung war nicht genug konzentriert, eine Episode oft packender als der Roman. Die Ungleichheit in der Ausführung bringt es mit sich, dass Frau von Suttner oft an Konflikten vorbeihuscht, die eine Vertiefung gefordert hätten (z. B. in „Ein schlechter Mensch": das Verhältnis zwischen Frank Myltus und Babolina, — in „Die Waffen nieder!": das Verhältnis zwischen Tilling und der Prinzessin). Auch Sprünge in der Charakteristik, Lücken in der psychologischen Darlegung eines Vorganges sind nicht selten. Andererseits stehen diesen zu losen Partien Ausführungen gegenüber, wo man schier sagen könnte, das Zuviel sei vom Übel. In dem Bestreben, einen Gedanken recht klar und eindringlich zur Anschauung zu bringen, schiesst Frau von Suttner manchmal übers Ziel hinaus. So geschieht es auch, dass ein humorvoller Zug durch allzu häufige Wiederholung zur Karikatur verzerrt wird.

Zu den grössten Vorzügen des Suttnerschen Stils zähle ich die, eine souveräne Beherrschung der Sprache bekundende Meisterschaft im Prägen glücklicher, packender Schlagworte und kerniger Wortbildungen. Einige Beispiele: Vollmensch; Edelmensch; Die Waffen nieder!; Schach der Qual!; Herbstlaub im April; Tollkirschbaum der Barbarei; Heimweh der Zukunft; Gedankenfüllhornausschüttung; Vernichtungsmaschinisten; Luxuszigeunerlager (Nizza); Herbstlaubwelt; Vor dem Gewitter; Herzensdialekt; Freudenbrecher; Beifreude;

Streiter der Güte; Konzertredner; ewigkeitsleidensfähig; Existenzkampfmesser; umherschmetterlingen; Federgaleerensträfling; Künstlergeneralsrang; Einzelhaftsgefühl; Zeittötungstrieb; Vorwärtsschauer. Am bekanntesten sind geworden: „Die Waffen nieder!", „Edelmensch" und „Vollmensch"; diese drei werden sehr häufig gebraucht — auch von Leuten, die deren Ursprung, bezw. die Schriften der Suttner nicht kennen.

Ernst Brausewetter schreibt:

Was an ihren Werken einen hohen Genuss gewährt, ist die strahlende Denkklarheit, die sich mit keinen halben und verschwommenen Begriffen begnügt, die überall den Gedanken bis in seine letzten Konsequenzen und seine dunkelsten Winkel zu verfolgen sucht, die danach trachtet, jede Trübung der gewonnenen neuen Erkenntnisse durch überkommene Vorstellungen, mit denen es schwer hält, zu brechen, weil man sie lieb gewonnen hat — zu verhindern. Es ist ferner die warme, milde Toleranz, mit der sie überall dort, wo ernstes Wollen, gehaltvolles Streben, tiefgewurzelte Überzeugung vorliegen, die subjektive Berechtigung der anderen Anschauung anerkennt, wenn sie auch zugleich in klarer und energischer Weise ihre gegenteilige Auffassung ausspricht.... Endlich — und das ist vielleicht die wichtigste Eigenschaft, diejenige, welche ihren Werken, trotz allem Theoretisieren und Dozieren, so etwas überaus Frisches, Lebensvolles, Packendes verleiht — endlich: die siegesfrohe Begeisterung, das freudig-mutvolle Drauflosgehen, die aus ihren Werken sprechen. Wie sie einerseits eine geistvolle Polemikerin ist, kann sie sich andererseits auch als flotte, phantasievolle, lebendige Erzählerin zeigen. Die grosse Dame, die sie ihrer Geburt nach ist, eine Stellung, die ihr auch die Stoffe und das Beobachtungsmaterial für ihre Romane und Novellen geliefert hat, offenbart sich auch in ihrer Darstellungsweise. Diese hat das Sprunghafte,

Flüchtige, Durcheinanderflutende des vornehmen Gesellschaftslebens; ihre Dialoge besitzen den feinen, spielenden Witz, wie er in den Salons der lebengeniessenden Kreise zu finden ist.

Und Josef Ettlinger bemerkt:

Sie ist die geborne Polemikerin. Auch in ihren belletristischen Werken herrscht die Polemik stark vor. Sie kann es nicht ertragen, dass Anschauungen, die ihr lieb sind und von ihr hochgehalten werden, als verächtlich oder schlecht betrachtet werden. Sie will für ihre Überzeugung und ihr Handeln das Recht des Seins anerkannt wissen. Sie glaubt zwar nicht an die überzeugende Kraft der Polemik, wenn diametral entgegengesetzte Anschauungen sich gegenüber stehen; sie erwartet nicht, wirkliche Gegner zu ihren Anschauungen zu bekehren. Aber sie fordert trotzdem, dass ein jeder sich offen zu seiner Überzeugung bekenne, dass er mit allen ihm zu Gebote stehenden Mitteln für dieselbe eintrete. . . . In seltener Weise haben sich bei ihr die Originalität der Stoffwahl, der Anschauungen und der Sprache vereint, eine von allen fremden, traditionellen und konventionellen Elementen freie, ureigene Individualität zu schaffen. Ihr Grundprinzip ist ein frischer, unbefangener sens commun, der alle Dinge nur so sieht, wie sie wirklich sind und nicht als das, wozu sie Vorurteile und Erziehung uns gemacht haben. Alles, was sie schreibt und wie sie es schreibt, ist so glashell und durchsichtig, so ungekünstelt und unanfechtbar, und ihre ganze Art, sich zu geben, so ungeleckt und ursprünglich, dass jeder seine Freude daran haben muss. Ganz besonders hat ihre Sprache eine eigentümliche taufrische Urwüchsigkeit, etwas von dem undefinierbaren natürlichen Aroma, wie es frisch gepflückten Früchten eigen zu sein pflegt. Dazu kommt ein merkwürdiges Geschick, dem täglichen Leben allerhand feine, sonst kaum bemerkte Züge abzulauschen und damit der eigenen Darstellung den Charakter selbsttätiger Lebendigkeit zu geben, die ihrem schon hervorgehobenen Schilderungstalent in glücklichster Weise zu Gute kommt. Und nicht der letzte Vorzug ist es, der an ihr zu rühmen bleibt, dass sie nie und nirgends die Frau verleugnet, nie mit altkluger, gelehrter Männerweisheit paradiert, noch in der tendenziös verbitterten Weise mancher ihrer Kolleginnen aufdringlich Propaganda macht für ihr „unterdrücktes" Geschlecht. Da ist kein Satz, der einen wünschen liesse, dass nicht eine weibliche Feder ihn geschrieben, wiewohl sie gar nicht selten verpönte und verfehmte Dinge mit offenherzigem Freimut zur Sprache bringt! — Um es kurz zu sagen: Bertha von Suttner ist eine helle Erscheinung in unserer von unfruchtbarem theoretischen Gezänk etwas verwilderten und getrübten Literatur, ein Talent von kraftvoller, gesunder Eigenart, Feind aller Konvention und Schablone, dem Sentimentalen und Unwahren abhold — eine reichbegabte künstlerische Vollnatur.

* * *

Ich glaube, vollauf nachgewiesen zu haben, dass Bertha von Suttner eine wirklich grosse, eine ganz hervorragende Heldin der Feder ist. Ich halte sie für einen der bedeutendsten Geister der Weltliteratur und für den bedeutendsten weiblichen Schriftsteller aller Zeiten. In einzelnen Punkten mögen andere Autorinnen grösser sein — z. B. die Staël, die Eliot, die Sand, die Ebner-Eschenbach u. a. — alles in allem genommen jedoch kommt ihr kaum eine gleich. Unter den schreibenden Frauen ist sie tatsächlich nicht die erste Künstlerin, wohl aber der umfassendste, universellste Kopf. Sie hat den weitestausschauenden Blick, die grösste Unbefangenheit, die preisenswerteste Vorurteilslosigkeit. In ihren ersten Werken gehen Pracht und

Macht der Sprache Hand in Hand mit einer seltenen Energie in der Verfechtung von Idealen. Ihre ausserordentliche Geistes-, Herzens- und Verstandesbildung macht sie zu einer Altruistin edelster Art. Die Gesamtheit ihres Wesens darf getrost als genial bezeichnet werden; genial — das ist das richtige Wort für den literarischen Typus dieser merkwürdigen Frau.

Die Suttner ist nicht nur mit der Feder, sondern auch mit dem Wort eine Agitatorin ersten Ranges, eine Apostelnatur, das heisst, glühend und aufpeitschend. Als Tisch- und Tribünenrednerin, als Vorleserin und Vortragende wirkt sie hinreissend. In ihrer äussern Erscheinung ist sie ungewöhnlich vornehm, eine echte Aristokratin, auch dann ruhig, wenn sie temperamentvoll wird. Jede Bewegung ihrer hohen Gestalt verrät feine Grazie. Die Augen sind klug, lebhaft, seelenvoll und strahlen einen eigentümlich milden Glanz aus.

Siegfried Fleischer schrieb 1892:

Wahrhaft bezaubernd ist der weiche, frauenhafte Zug um den schöngeschnittenen Mund. Man hat die Empfindung, als ob über diese Lippen niemals ein widriges, unweibliches Wort treten könnte, als ob dieselben sich nur öffneten, um reine Gefühle und edle Gedanken zum Ausdruck zu bringen. Dieser Eindruck wird noch verstärkt durch eine klare, wohllautende Stimme von warmem Timbre, die selbst im Affekt ihren sanften, zum Herzen gehenden Klang bewahrt. ... Selten bin ich einer Frau begegnet, deren Wesen einen so friedsamen, sänftigenden, erwärmenden Eindruck auf mich gemacht hätte.

Auch ich kann den letzten Satz unterschreiben. Ich schliesse mein Büchlein mit der sehr interessanten, grösstenteils zutreffenden Charakterisierung, welche mir die bekannte Graphologin Dolphine Poppée auf Grund der Handschrift der Baronin, die ich ihr — selbstverständlich ohne Namensnennung — vor sieben bis acht Jahren zur Beurteilung vorlegte, in die Feder diktierte: „Sehr intelligent; sehr klares Urteil; weiss gegebene Begriffe vortrefflich zu präzisieren. Deduktiv und intuitiv. Sehr scharfe Beobachtungsgabe, der auch das kleinste Detail nicht entgeht. Scharfsinnig, aber auch von scharfen Worten. Herzensgut und trotzdem von dominierender Anlage. In Kleinigkeiten sparsam; gegen Fremde zurückhaltend, exklusiv, sehr diffizil; wenn aber einmal vom Werte einer Person oder Sache überzeugt, gibt sie sich mit Eifer und Ernst hin· Häufig wechselnden Stimmungen unterworfen; manchmal eifrig und tätig, zuweilen schwermütige Anwandlungen; ist aber elastisch genug, sich bald aufzuraffen. Einfach in Benehmen und Wesen, doch viel Selbstgefühl."

Anhang:

1. Gedankenperlen.
2. Selbstbekenntnis.
3. Unter der Friedenspalme.
4. Bibliographisches.

Gedankenperlen

aus Bertha von Suttners Werken.

Die Freude des Verstehens — ich glaube, das ist des Menschen erhabenster und wird in Zukunft dessen heiligster Akt werden. Verständnis ist besser, als Gebet. („High-life".)

Alt sein heisst: von der Zukunft nichts mehr erwarten. („Selbstbekenntnis".)

Mit Kohle lässt sich nicht weiss färben, mit asa foetida nicht Wohlgeruch verbreiten und mit Krieg nicht Frieden sichern. („Die Waffen nieder!".)

Die Manöver sind die Feste und Proben der grossen Verstaatlichung des Tötens. („Vor dem Gewitter".)

Kriegsverwaltung! Ein solches Ding wird auch noch verwaltet! Was würde man zu einem Cholera-Ministerium sagen? („Vor dem Gewitter".)

Die „Es ist so"-Raben, wenn sie noch so Wahres krächzen, können die „Es wird"-Schwalben nicht entmutigen. („Schach der Qual!".)

Strassen pflegen ist ganz schön — Bahn brechen ist schöner. („Marthas Kinder".)

Solange wir uns an die Vergangenheit klammern, werden wir Wilde bleiben. („Die Waffen nieder!".)

Die Zukunft wird nur dann eine andere, wenn die Gegenwart zu vorbereitendem Handeln ausgerüstet wird.

(„Marthas Kinder".)

Man muss heftig fühlen und heftig wollen — dann erst tut man etwas. Vielleicht erstürmt man keinen der festen Plätze, gegen die man anrennt, aber wenigstens ist man Sturm gelaufen und weist Nachstürmenden den Weg. („Marthas Kinder".)

Das Angenehmste beim Dichten liegt nicht in der Anerkennung, sondern in der Arbeit. Das Schaffen ist eine Befreiung — eine Besitzergreifung von erträumten Schätzen. („Marthas Kinder".)

„Utopie!" sagen die Höflichen. Das Wort eignet sich so hübsch zum Wegfegen unbequemer Pläne. Dass alle Errungenschaften von heute einst als Utopie gegolten haben, dass daher dieses Wort die ganze Kulturgeschichte als eine ununterbrochene Kette beschämter Kleingläubigkeit durchzieht — dessen erinnern sich die neuen Utopierufer nimmer.

(„Marthas Kinder".)

Die Zukunft gehört der Güte.

(Die Waffen nieder!".)

Das Umherflatternde ballt sich zusammen und verdichtet sich; so entstehen Planeten und — Institutionen.

(„Marthas Kinder".)

Die Welt macht ihre Dummheiten und Schlechtigkeiten weiter, ob die Einzelnen sich darüber ärgern oder nicht, ob ein paar Schwärmer sie zu bessern trachten oder nicht. Sie will gar nicht gebessert werden. So oder so wurden die Giordano Bruno zu allen Zeiten verbrannt. („Vor dem Gewitter".)

Zum Dichter gehört Blut. Ein Stückchen Wirklichkeit, mit wallendem Blut gesehen; Entzücken, Schmerz, die man so wiedergibt, dass auch des Lesers Blut in Wallung gerät — das ist Dichten.
 („Vor dem Gewitter".)

Die Zufriedenheit rührt sich nicht vom Fleck, nur die Verzweiflung bäumt sich auf.
 („Vor dem Gewitter".)

Wer über gewisse Niedertracht nicht kochenden Ärger fühlt, muss selbst niederträchtig sein.
 („Vor dem Gewitter".)

Nur wenige erfassen die Wirklichkeit so wie sie ist, weil jeder in seinem Gesichtsfeld nur einen winzigen Ausschnitt des Lebens liegen hat: die einen ihr Geschäft, die anderen ihr Vergnügen, die einen die Erfordernisse ihres Schusterhandwerks, die anderen die Interessen ihres Thrones. („Vor dem Gewitter".)

Jetzt wuchert auf der Erde eine Eisen- und Sprengstoff-Vegetation, gegen welche ein Urwald aus Giftbäumen, mit Tigern und Schlangen bevölkert, ein wahrer Vergnügungsgarten wäre.
 („Vor dem Gewitter".)

Ach, dass ein und dasselbe Wort oft so verschiedene Dinge bedeutet! Das macht die Verständigung so schwer — das ist daran schuld, dass so oft einer dem andern unrecht tut. „Religion" z. B. heisst auch das: inbrünstig die Verpflichtung fühlen, für das Gute, Rechtschaffene, Heilige einzustehen; sich mit der Seele anklammern an alles, was von ewiger Schönheit, von lichter Klarheit, von charaktergebietender Grösse erfüllt ist; und das Gegenteil von alledem — das Hässliche, Finstere, Niedrige, vor allem aber das Grausame — bekämpfen, wo nur immer möglich.

(„Marthas Kinder".)

Absichtlich? Planmässig? Nein! Der Genius der Kultur baut die Welt von selber um — er zwingt die Künstler nur, ein paar Bausteine zuzutragen, ohne dass sie es wissen. („Marthas Kinder".)

Miteinander, statt gegeneinander.

(„Marthas Kinder".)

Die Entwickelungsgesetze erkennen und danach die Gesellschaftsordnung und das sittliche Verhalten regeln — das ist der Weg zum Heil. („Marthas Kinder".)

In der Politik ist die Niedertracht endemisch.

(„Vor dem Gewitter".)

Mit einem Schlag wären alle Wirrnisse geschlichtet, wenn das Prinzip der Gemeinsamkeit zur Geltung käme. („Vor dem Gewitter".)

Gegen die allerhöchst geballten Fäuste und die massenhaft gezuckten Achseln kommen die paar hochschlagenden Herzen nicht auf. („Vor dem Gewitter.")

Ohne Leidenschaft wird nichts Kräftiges vollbracht.
(„Marthas Kinder".)

Ach, was sind das doch noch für unklare, traurige Zustände in der Welt! Wie schmerzlich stossen die Gedanken, die Pflichten, die Leidenschaften aneinander! Und wo liegt das Heil? Einfach darin: gut sein und wahr sein — niemals Böses zufügen, niemals Falsches behaupten. („Marthas Kinder".)

Sind nicht alle Stufen der Befreiung von Jammer, Qual und Fesselung durch Auflehnung erreicht worden? Die ersten Empörer sind freilich oft die Märtyrer ihrer Kühnheit, aber sie erringen den Nachkommen ein Stück — ein dann unbestrittenes Stück — Freiheit.
(„Marthas Kinder".)

Es genügt durchaus nicht, die einleuchtendsten und unwiderleglichsten Gegenstände bloss auszusprechen; man muss sie erst ebenso landläufig machen wie die Einwendungen. Ein hundertmal wiederholter Widersinn ist zehnmal kräftiger als eine einmal geäusserte Wahrheit. **Dadurch erklärt sich das zähe Leben aller Irrtümer.** („Vor dem Gewitter".)

Die Gleichgiltigkeit der grossen Allgemeinheit einem neuen Gedanken gegenüber ist ein Gesetz, mit dem man rechnen muss. („Vor dem Gewitter".)

Wie kommt es, dass für eine Sache, die auf Gehässigkeit oder Aberglauben gegründet ist, die Massen viel leichter zu gewinnen sind? — Weil Missgunst und Dummheit leider viel verbreiteter sind als Güte und Vernunft. („Vor dem Gewitter".)

Die (landläufige) Wohltätigkeit ist Flickarbeit. Was die Menschheit heute braucht, ist nicht das Putzen und Stopfen ihres fleckigen, zerschlissenen, alten Kleides; es gilt, ihr ein neues, festes, reines Gewand zu weben.
("Vor dem Gewitter".)

Die Interessengemeinschaft der Welt hat einen Grad erreicht, bei dem die Wandlung des Gewaltzustandes in Rechtszustand schon eine positive Notwendigkeit, eine Lebensbedingung geworden ist.
("In der Brandung".)

Was sich in der Friedensbewegung äussert, ist nicht ein Traum weltentrückter Phantasten, es ist der Selbsterhaltungstrieb der Zivilisation.
("In der Brandung".)

Es kann kein Übel oder Leiden geben — wenn solches Übel oder Leiden der einen den anderen auch Vorteil und Gewinn bringt —, dessen Fortschaffung nicht den anderen noch grösseren Gewinn zuführte, als sein Bestehen ihnen gewährt. Darum nur niemals erlahmen in der Bekämpfung einer als Übel erkannten Einrichtung!
("Marthas Kinder".)

Befreien, erlösen: das sind Aufgaben, die man nicht erfüllt, indem man aus Füllhörnern Blumen schüttet, sondern indem man mit wuchtigen Hieben Ketten sprengt, mit kühn geschwungenem Speer Drachen fällt oder mit zornig geschwungener Peitsche einen Tempel reinfegt.
("Marthas Kinder".)

Es wird besser, aber mithelfen müssen wir dabei.
("Marthas Kinder".)

Man wird nur immer von solchen richtig aufgefasst, die ohnehin gleicher Meinung sind — aber die anderen hinzureissen, darauf kommt es an.

("Marthas Kinder".)

Gegen Verächtlichmachung sind manche Dinge und Leute geschützt, denen es nicht verwehrt ist, verächtlich zu sein und Verächtliches zu tun.

("Marthas Kinder".)

Da wird immer so viel gejammert über Ketten, Joche und Hörigkeiten, aber das Jammern und Zetern hilft nicht — abschütteln muss man.

("Marthas Kinder".)

Scherz ist der Page der Königin Freude und diese ist die Gemahlin des Königs Glück.

("Marthas Kinder".)

Ein gebeugter Nacken — ist das schön? Nein! Schön ist das zurückgeworfene Haupt.

("Marthas Kinder".)

Die Geschichte wird eine Kette von Greueln bleiben, solange der Kulturmensch nicht erkennt, dass für keinerlei Zwecke ein Mittel angewendet werden darf, das weniger rein ist als der Zweck. ("Marthas Kinder".)

Als ob vergossenes Blut überhaupt etwas reinigen, etwas Geschehenes ungeschehen machen könnte!

("Marthas Kinder".)

Es ist dieselbe grosse Sünde: Zweikampf oder Hunderttausendkampf — derselbe Wahn, dass man mit Töten etwas erreichen, etwas beweisen, etwas gutmachen kann. ("Marthas Kinder").

Der alte Jammer ist noch lange nicht gebannt, aber die Kulturmenschheit hat ihm sozusagen gekündigt, das Dienstverhältnis aufgesagt.

(„Marthas Kinder".)

Die Rücksicht auf das Lachen der Toren würde alles Fortschreiten der Weisheit hindern.

(„Marthas Kinder".)

Es ist noch gar kein grosser Fortschritt, gar nichts Neues zur Geltung gekommen, von dem nicht anfänglich behauptet worden wäre, es könne nie geschehen.

(„Marthas Kinder".)

Wahrlich, wahrlich: unsre heutige Welt hält sich für ungeheuer klug und belächelt die Wilden — und doch: in manchen Dingen können auch wir nicht bis fünf zählen. („Die Waffen nieder!".)

Die Perle Leben — ist sie wohl ehrlich bezahlt mit den Blechphrasen der geschichtlichen Nachrufe?

(„Die Waffen nieder!".)

Der Natur- und Elementardrohungen gibt es genug; wozu haben die Menschen sich auch noch willkürlich Gefahren geschaffen und so den ohnehin vulkanischen Boden, auf den ihr Erdenglück gebaut ist, noch eigenmächtig und mutwillig in künstliches Schwanken versetzt? („Die Waffen nieder!")

O diese Behördenweisheit! So trocken, so gelehrt, so sachlich, so klugheitstriefend und so — bodenlos dumm! („Die Waffen nieder!".)

Merkwürdig, wie blind die Menschen sind! Die Folterkammern des Mittelalters flössen ihnen Abscheu ein, auf ihre Arsenale aber sind sie stolz!
("Die Waffen nieder!".)

Wie alle Stoffe in gasigen, flüssigen oder festen Zustand versetzt werden können, findet eine ähnliche Wandlung mit dem geistigen Element statt. Die „Idee", die sich im Zustand der Träumerei wie Gas verflüchtigt, durch das Wort wird sie flüssig und durch die Schrift wird sie fest. Erst in dieser Gestalt kristallisiert sie sich zu bleibenden Formen.
(„Inventarium einer Seele".)

Unser moralisches Sein, das ja auch nicht fertig vom Himmel heruntergefallen ist, sondern das — wie die Körper aus der Bewegung der Moleküle — aus der Bewegung der Gedanken zusammengefügt ist, muss daher auch einen ewigen Wechsel durchmachen. Was verändert sich nicht? Dem Gesetz der ewigen Bewegung gehorcht alles. („Inventarium einer Seele".)

Das Nahe ist uns wichtiger als das Grosse. Was uns umgibt, was uns berührt, das wirkt am mächtigsten. Die Schlacht bei Marathon mag hochbedeutend gewesen sein; aber dass mein Kanarienvogel unwohl ist, ergreift mich mehr. („Inventarium einer Seele".)

Wer hätte es je erlebt, dass von zwei Streitenden einer den andern zu seiner Meinung bekehrt hätte? Die Überzeugung ist ein gar langsam Wurzel fassendes Gewächs; viertelstündige Wortfolgen vermögen es nicht einzusetzen cder auszureissen. Die Natur macht keine

Sprünge — ebensowenig unser Geist; es kann kein einziger Gedanke darin Eingang finden, der sich nicht in einer natürlichen Folge an die bereits vorhandenen anschliessen liesse . . . Man nimmt eine neue, fremde Idee nur dann in sich auf, wenn deren Keim in dem eigenen Erkenntnisfeld schon verborgen lag. Darum hören wir so gern die Ansichten derer, die eigentlich unsrer Ansicht sind und sie in neuer, klarer Form zum Ausdruck bringen. („Inventarium einer Seele".)

Das ewige Werden ist zugleich ein ewiges Veredeln; das Streben nach Verbreitung, Verschönerung, Vervollkommnung ist die allen Dingen innewohnende Lebenskraft. Was könnte uns zu der Annahme berechtigen, dass irgend etwas auf der höchsten Stufe angelangt sei? („Inventarium einer Seele".)

Was uns einst mit Jubel erfüllte, hat vielleicht den Grund zu unserem jetzigen Jammer gelegt, und was uns den längstverhallten Schmerzenschrei entriss, ist vielleicht noch als Bestandteil in unsrem heutigen Glück enthalten. („Inventarium einer Seele".)

Wenn sich das Licht der göttlichen Wahrheit in Strahlen brechen lässt, so denke ich mir als dessen auffällige Regenbogenfarben das Schöne, das Gute und das Glück. („Inventarium einer Seele".)

Ist es möglich, in der Geschichte den Weg nicht zu sehen, den die Zivilisation schreitet, und dessen Richtung zu verkennen, welche nach unverrückten Friedenszielen lenkt? („Inventarium einer Seele".)

In welcher Verlegenheit müsste sich doch der „Gott der Armeen" befinden, wenn er die gegenseitigen Wünsche erhören wollte, die von den beiden Feldgottesdiensten aufsteigen! Ein Dank-Tedeum bleibt ihm übrigens auf jeden Fall gesichert, ob der Sieg nun da oder dort gefeiert wird. („Inventarium einer Seele".)

Die Unterscheidung des Rechts hängt von dem Grade der Intelligenz ab; daher ist in der Unwissenheit allein — nicht in einem Mangel an Rechtsgefühl — die Ursache alles bestehenden Unrechts zu suchen. Vor dem am Horizonte der menschlichen Einsicht emporsteigenden Lichte des Wissens fliehen alle Grundgestalten, die im Finstern hausen.

(„Inventarium einer Seele".)

Das Dummsein ist ein so natürliches Amt, eine so geübte Gehirnfunktion, dass wir sie mechanisch betreiben, ohne uns davon Rechenschaft zu geben.

(„Inventarium einer Seele".)

Ein Fingerhut voll Pulver genügt nicht zum Sprengen einer Gebirgskette. („Marthas Kinder".)

Ein Gefühl der Angehörigkeit soll die Frau an den Gatten schmiegen und ihr eine so klare Seelenruhe sichern, ein solches Bewusstsein des Lehnens und Stützens verleihen, dass das Leben keine Müdigkeit mehr drohen kann. („Ein Manuskript".)

Wie kleinlich ist der Triumph des bisweilen durchgesetzten Eigenwillens gegen den ein- für allemal über sich gewonnenen Sieg der zweifellosen Hingebung!

(„Ein Manuskript".)

In der Lebensbarke ist der Wille das Steuerruder.
... Der Wille stärkt sich durch die Erwägung, warum eine Sache gewollt wurde; dem Eigensinn genügt der Umstand, dass sie gewollt war. ... Ein starker Geist wird das Gewollte immer nur in Rücksicht auf die Willensursachen verfolgen und daher sehr oft in die Lage kommen, seinen Willen abzuändern.
("Ein Manuskript".)

In der Ehe ist das Bewusstsein des nie gebrochenen Friedens viel süsser und stolzer als alle Friedenmachen. Das Dogma aller Gatten sei: die Zweieinigkeit im Sakrament der Ehe. ("Ein Manuskript".)

Poesie ist die geniessende Auffassung des Schönen. Eine zartbesaitete Seele wird beim Anklang der Schönheit — in Natur, Kunst und Gefühlsleben — in Schwingung gebracht, und Poesie ist die Wirkung, sei diese nun ein Lächeln oder ein Lied, ein Gedicht oder eine Träne. ("Ein Manuskript".)

Einfache, frohe Pflichterfüllung — das ist der normale Gesundheitszustand der Seele.
("Ein Manuskript".)

Die besterfüllten Pflichten sind die uns leicht gewordenen, die richtigst gelösten Aufgaben solche, die uns klein geschienen, die häufigst gebrachten Opfer jene, welche uns zur Freude wurden. Was man für ein teures Wesen tut, ist kein Opfer — es geschieht zur Befriedigung des eigenen Dranges; man tut es, weil man eben nicht anders kann.
("Ein Manuskript".)

Liebe kann immer fortbestehen, lebenslänglich; aber sich gleichbleiben — das kann sie nie. Nichts ist unwandelbar . . . Was wir Liebe nennen, ist nicht ein vereinzeltes Gefühl, sondern eine Summe von Gefühlen: zugleich Bewunderung, Sehnsucht, Wohlwollen, Vertrauen. („Ein Manuskript".)

Der Rausch des Putzes kann so betäuben, dass durch ihn alles andre Bewusstsein in den Hintergrund gedrängt, die ganze Existenz in eine Orgie von Spitzen, Bändern und Stoffen verwandelt wird. Wie viele Frauen stürzen in den seidenen Abgrund!

(„Ein Manuskript".)

Nehmen ist bisweilen furchtbar bitter; die Kunst des Lebens besteht darin, jene Bitterkeit nicht aufkommen zu lassen. Nur nie eine Predigt, einen Vorwurf, nicht einmal eine Ermahnung im Augenblick des Gebens. Man muss ja den Leuten dankbar sein, die einem die Freude verschaffen, ihnen eine Freude machen zu können. Die Hand, welche eine Gabe reicht, soll zugleich eine Liebkosung bringen.

(„Ein Manuskript".)

Von der Fülle der Herrlichkeiten, die der Spiegel dir heute zeigt, wird er dir mit jedem Tag etwas nehmen; die Bücherei aber wird dir von ihren reichen Schätzen täglich etwas geben. Unabänderlich notwendig ist dort dein Verlust, unausbleiblich, mathematisch sicher ist hier dein Gewinn.

(„Ein Manuskript".)

Die Jugend ist die Glorienzeit des Lebens, und wir, die wir uns im kühlen Schatten der Mitteljahre befinden, sollten nicht immer mit diesem Schatten, den wir Erfahrung nennen, das Leben unsrer Kinder verfinstern wollen. („Ein Manuskript".)

Das Duell ist ein Überbleibsel aus wilder, finstrer Zeit, eine unchristliche, unmenschliche, unsinnige Sitte, ein aus Fanfaronnade, Roheit und Vorurteil zusammengesetzter Missbrauch, mit einem Wort: eine Barbarei.
  („Ein Manuskript".)

Es gibt wohl keinen Beruf, in dem sich die Anfänger so ungeschickt geberden und so viele falsche Ansichten und Erwartungen erst allmählich abgelegt werden müssen, wie in dem schriftstellerischen — weil es dazu keine vorbereitenden Kurse gibt und die durchzumachende Schule nur von der Praxis selber geboten wird. Und der Schullehrer „Wirklichkeit" pflegt dem armen Primaner gar streng mit dem Lineal auf die Finger zu klopfen; darum laufen viele, die nicht aussergewöhnliche Kraft und Lust mitbringen, schon in den untersten Klassen ganz ängstlich davon.
  („Schriftsteller-Roman".)

Der Autor soll es keinem andern Richter recht machen wollen, als sich selbst. Je näher er es erreicht, dasjenige mit Worten zu veranschaulichen, was er heftig empfunden, desto wertvoller wird seine Leistung sein und desto fähiger, auf andere, Stimmungsverwandte, zu wirken. („Schriftsteller-Roman".)

Wenn die Blaustrümpfe auf der ganzen Linie energisch Hemden genäht hätten — um wie viel mehr besässen wir Wäsche und wie viel weniger Gewäsch!
(„Schriftsteller-Roman".)

Das Wort will für die Zukunft arbeiten, die Tat muss sich dem Zwang der Gegenwart fügen.
(„Schriftsteller-Roman".)

Wenn man sich dem Planen, Einteilen und Vorsätzemachen zu sehr hingibt, so wird einem dies zur süssen Gewohnheit und schliesslich mag man sich gar nicht mehr durch die Ausführung davon losreissen.
(„Schriftsteller-Roman".)

In unsrer Zeit der milderen Sitten bestehen die alten Einrichtungen noch zu Recht, während die daraus fliessenden Konsequenzen nicht ausgeführt werden dürfen. Dadurch entstehen jene unlöslichen Konflikte, welche dem Menschen ein so unerträgliches Gefühl der Einengung, der Erdrückung verursachen — ein Gefühl, das sich in Selbstmord oder Revolutionen oder geharnischten Büchern Luft macht.
(„Schriftsteller-Roman".)

Wie das gewohnte Ticken der in unsrer Nähe befindlichen Uhr von unsrem Gehörnerv gewissenhaft vermittelt werden kann, ohne dass wir etwas davon hören, so können Gedanken in unsrem Kopf kreisen, ohne dass wir dabei etwas denken.
(„Schmetterlinge".)

Anhaltendes Glücklichsein ist ein Ding der Unmöglichkeit — nicht so sehr wegen der Ungunst äusserer Verhältnisse, als wegen der uns selber anhaftenden Unfähigkeit, anhaltend zu geniessen.

(„Schmetterlinge".)

Ein Schlachtengott, dem man dafür danken soll, dass ein schönes Stück Erde blutgetränkt erobert worden, an den glaube ich nicht. . . . Der Begriff „Schlachtengott" widerspricht dem ethischen Bewusstsein der Zeit. (Aufsatz.)

Nicht den Frieden zu erhalten, sondern ihn erst zu schaffen gilt's, denn wir haben keinen. Wir leben im Rüstungskrieg, in einem auf die Dauer unhaltbaren Waffenstillstand. (Aufsatz.)

Der Krieg ist ein Ding, das die Masken- und Schleier- und Tünchelosigkeit nicht verträgt, das der schmeichlerischen Konvention nicht entraten kann, wenn es nicht Abscheu einflössen soll. (Aufsatz.)

Fremdes Glück kann niemals so beglücken wie fremde Qual quälen kann. . . . Niemals kann sich die Mitfreude bis zur Wonne, wohl aber kann der Mitschmerz bis zur Verzweiflung sich steigern.

(„Schach der Qual!".)

Die Gleichgiltigkeit, die Tochter der Unwissenheit, diese schläfrige, lahme Unholdin, bildet das eigentliche turmhohe Hindernis des Vordringens neuer Ideen.

(„Krieg und Frieden".)

Der Leitstern steht am Himmel, und immer mehr zerteilen sich die Wolken, die ihn bisher verdunkeln. Sein Name ist Menschenglück.

(„Erinnerungen an Alfred Nobel".)

Im Überblick einer Landschaft sieht man wohl die feldüberwuchernden Pflanzenmassen, nicht aber die von Wind und Schmetterlingsflügeln getragenen Keimstäubchen. („Maschinen-Zeitalter".)

Wann werden die Menschen endlich einsehen, dass es Höheres gibt als Ehren, nämlich die Ehre, Besseres als Würden, nämlich die Würde, und Unumstösslicheres als alle Rechte, nämlich das Recht? („High-life".)

Der Mensch hat verschiedene Heimaten, nicht nur diejenige des Bodens; es gibt eine solche des Herzens, der Intelligenz, der gesellschaftlichen Lage.

(„High-life".)

Urteile oder Vorurteile sind unzerreissbar ineinander verschlungen; Ansichten und Anschauungen leben gruppenweise. („High-life".)

Aberglaube und Vorurteil: das sind die grossen Fossilien aller Unvernunftsformationen, die noch mitten in unsre aufblühende Vernunft-Epoche hineinragen.

(„High-life".)

Jeder Widersinn beruht auf einem in früheren Zeiten begründeten Sinn; in das Moderne ragt überall das Antike hinein, und das setzt die unvermeidlichen Widersprüche ab. („High-life".)

Nur das Edle frommt, mag auch das Unedle siegen. („Schach der Qual!".)

Was unästhetisch und unethisch ist, was moralisch verletzt und ekelt, was wehtut und wehtun will, das ist sicher verwerflich und verderbendrohend.

(„Schach der Qual!".)

Das Traurigste, das Hassenswerteste, was die Welt enthält, ist zugefügtes Leid, und davon sie befreien, ist der Weg zum Heil. Nichts Gutes, nichts Nützliches kann aus absichtlich verhängtem Schmerz, aus angetaner Kränkung spriessen.

(„Schach der Qual!".)

Das „Treiben" ist Knospenart — es ist das schwellende, saftkräftige, hüllensprengende Leben. Dass doch die stattlichen, trockenen Fruchtkapseln dies so oft vergessen! („Ein schlechter Mensch".)

Fesseln und Schranken drücken immer, auch wenn man die Schranken nicht sieht, an die man stösst.

(„Ein schlechter Mensch".)

Alle Flamme strebt nach oben, aber ein brennendes Menschenherz schlägt am höchsten zu den Himmeln hinan. („Ein schlechter Mensch".)

In meinen Augen gibt es keine fertige Erziehung, keine „vollendeten Studien"; das einzige, was der nach meinem Ideal erzogene Schüler erlernt haben müsste, wäre: weiter lernen zu wollen und ungehindert weiter lernen zu können. („Ein schlechter Mensch".)

Gewöhnlich lenkt sich aller Hass und alle Verachtung in dieser Welt auf Dinge, die nicht verstanden worden sind. Mit dem Verständnis schwindet jeder Groll. („Ein schlechter Mensch".)

Es gibt keine gefährliche Wahrheit . . . Die gefährlichste Lüge, welche menschliche Torheit ersinnen kann, ist, sich der voll und ganz erfassten Wahrheit zu brüsten und das Forschen aufzugeben.

("Ein schlechter Mensch".)

„Ideal" ist einem jeden das, was in seinem Geist am höchsten steht — so hoch, dass es ihm mehr ein geahntes als ein verstandenes ist, etwas, das erst erstrebt und erreicht werden soll — das Ziel, nach welchem der Gedanke seine sehnenden Fühlfäden streckt.

("Ein schlechter Mensch".)

Selbstbekenntnis.

(Aus „Deutsche Roman-Bibliothek" 1896.)

Wenn man in einem Hause gastlich aufgenommen wird, so geziemt es sich, dem Hausbrauch sich zu fügen. Da nun in diesen Blättern der Brauch herrscht, die erzählenden Beiträge mit einer kurzen selbstbiographischen Skizze des Autors einzuleiten, so füge ich mich denn — wenn auch nicht, ohne leise zu seufzen. Denn auf sich selber mit einem Stäbchen zu zeigen und erläuternd zu beginnen: „Hier, meine Herrschaften, sehen Sie, u. s. w." — das ist nicht angenehm, was meine Kollegen mir gewiss nachfühlen werden.

Geboren 1843 zu Prag, bin ich heute eine alte Frau, eine Tatsache, die mich in ungelindes Erstaunen versetzt, da ich mich durchaus nicht alt fühlen kann. Es beleidigt mich auch immer, wenn ich in meinen eigenen Romanen Frauen meines Alters einführe und dabei unwillkürlich schreibe: „Ja, sprach die alte Dame," oder „und die würdige Matrone schüttelte ihr graues Haupt." Alt sein heisst doch: von der Zukunft nichts mehr erwarten; aber das ist nicht mein Fall. Mit hundert Plänen im Kopf, mit Bestrebungen im Herzen, die nur von einer Zeit und viel Zeit erfordernden Entwicklung gewisser Zustände verwirklicht werden können, ist mein Blick sehnend nach der Zukunft gerichtet — noch dazu voll Hoffnung und Zuversicht, und das ist doch jugendliche Art?

Mein Vater war k. k. österreichischer Kämmerer und Feldmarschall-Leutnant; Generale waren auch dessen beide Brüder: noch existiert ein alter Kupferstich, der die drei Generale Grafen Kinsky in einer Gruppe darstellt; meine Mutter (gest. 1884) war eine geborene von Körner, aus der Familie des Heldenjünglings und begeisterten Kriegssängers Theodor Körner; meine Abneigung gegen den Militarismus lässt sich also kaum aus atavistischen Gründen erklären. Ich weiss auch, dass sie anders über mich gekommen: als Frucht naturwissenschaftlicher, sozialer und ähnlicher Studien. Dass aber die Verurteilung des Systems nicht auch eine törichte und ungerechte Abneigung gegen die in dessen Diensten stehenden Menschen in sich fasst, dies nochmals öffentlich zu erklären, will ich die gegenwärtige Gelegenheit nicht vorübergehen lassen. Ich setze nämlich voraus, dass mich manche Leser dieser Blätter, sei's auch nur vom Hörensagen, als die Verfasserin von „Die Waffen nieder!" kennen. Hier wäre nicht der Ort, die Ansichten zu begründen und zu verteidigen, die jenes Buches Leitmotiv sind; da aber seit dessen Erscheinen und meiner dadurch erfolgten persönlichen Beteiligung an der Friedensbewegung meines eigenen Lebens und Handelns Leitmotiv das gleiche geworden ist, so musste ich in einer selbstbiographischen Skizze Erwähnung davon tun.

Nur Erwähnung: in dem mir zu Gebote stehenden kurzen Raume könnte ich unmöglich dem mir so ungeheuer wichtigen, ich kann sagen — heiligen Thema näher kommen. Es soll ja doch auch noch einiges aus den Schicksalen und aus der literarischen Laufbahn unserer Autorin mitgeteilt werden. (Le „moi" est haïssable, sagt Pascal — das fange ich auch an zu empfinden und darum will ich nun lieber in der dritten Person weiter erzählen.)

Die gute Dame also hat sehr spät zu schreiben begonnen — erst als gereifte Frau von 36 Jahren. Ihre Jugend verlebte sie, wie andere österreichische „Komtesseln" auch, in der sogenannten Welt. Auch viel auf Reisen: in Italien, Paris, den deutschen Bädern, in Begleitung von Mutter und Bruder. Mit einem Prinzen Wittgenstein verlobt, der ihr als Bräutigam durch den Tod entrissen worden, blieb sie bis zum 33. Jahre unvermählt. Im Jahre 1876 reichte sie dem um sieben Jahre jüngeren A. G. Freiherrn von Suttner die Hand und reiste mit ihm in den Kaukasus, wo die beiden nahezu ein Jahrzehnt verbrachten.

Erst durch das Beispiel ihres Gatten angefeuert, der im Kaukasus seine kaukasischen Novellen und Romane verfasste, versuchte auch sie sich mit der Feder, und ihre ersten Arbeiten, datiert 1879, sind in „Über Land und Meer" erschienen. Seither — wie der bekannte Tiger, der einmal Blut geleckt — hat sie das Schreiben nicht mehr gelassen.

Im Jahre 1885 kehrten die beiden nach ihrer Heimat, in das väterliche Schloss Harmannsdorf in Nieder-Österreich, zurück, wo sie seither leben und arbeiten. Die Ehe ist kinderlos geblieben, soll aber — wie wir aus zuverlässiger Quelle wissen — eine ungetrübt glückliche sein. Das ist, bei so grosser Übereinstimmung in Beruf und Gesinnung, nicht zum Verwundern: beide schriftstellernd, beide die humanitären Ideale: Rassen- und Völkerversöhnung verfechtend, er als Gründer und Vorsitzender des Vereins zur Abwehr des Antisemitismus, sie als Gründerin und Vorsitzende der „Österreichischen Gesellschaft der Friedensfreunde" — so arbeiten sie nebeneinander und überpräsidieren sich gegenseitig, und was soll das anders ergeben, als die hellste Harmonie?

Nun will ich wieder in der ersten Person schliessen und zwar mit dem freimütigen Geständnis, dass ich im Ganzen tiefen Kummer habe. Ich kann und darf dies sagen, weil nicht mein Kummer mich drückt, sondern das Leid der Welt, in das ich mich versenken musste. Selber habe ich keinen einzigen Grund zur Klage — im Gegenteil; aber das Elend, die Vergewaltigung, die Unvernunft, die Plage, unter denen die Menschheit leidet, die entsetzlichen Gefahren, die über ihr schweben, all das empfinde ich — seit ich meine schwachen Kräfte in den Menschheitsdienst gestellt — schmerzlich mit. Und auch die Schwäche dessen, was ich in diesem Dienste leisten kann; das Gefühl, dass die, aus den mir anvertrauten verantwortungsvollen Ehrenämtern erwachsenden Aufgaben nicht zum tausendsten Teile so bewältigt werden können, wie es mein brennender Wunsch wäre, sie zu bewältigen; das Bewusstsein, wie klein ich bin angesichts des Grossen, das ich wollte und das meine Freunde mir mitunter zuschreiben, all das erfüllt mich mit schwerer Sorge. Dennoch — dem Kommenden sehe ich mit Zuversicht entgegen: die Welt bewegt sich nach vorwärts und aufwärts, dem Glücke zu!

Bertha von Suttner.

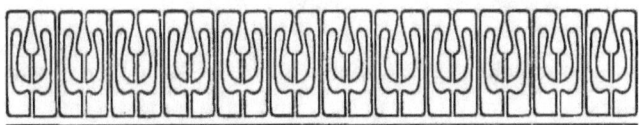

Unter der Friedenspalme.

Ein Märchen für „Grosse" von Berta Katscher.

(Bertha von Suttner gewidmet!)

Es war einmal — so müssen ja alle Märchen beginnen — eine Prinzessin. Das Reich, über welches sie herrschte, findet ihr auf keiner Landkarte, und doch ist es wohlbekannt, aber ich will euch ja kein Rätsel aufgeben, sondern ein Märchen erzählen.

Also: Unsere holdselige Prinzessin war aus Genieland. Als sie geboren wurde, legten ihr gute Feen allerlei Gaben in die Wiege — Schönheit, Klugheit, Fleiss, Anmut, Güte und noch viele andere Vorzüge. Was Wunder, dass alle Welt die Prinzessin liebte und verehrte, und dass ihre Untertanen sich freudig in ihren Dienst stellten? In Hütte und Palast war sie stets ein gern gesehener Gast. Und doch fühlte sie sich nicht glücklich. Warum? Das will ich euch bald sagen.

Als nach ihrer Geburt all' die lieblichen Feen Gaben in die Wiege gelegt und sich entfernt hatten, trat ein unscheinbares Mütterchen vor; es war ganz in Grau gekleidet, und wären nicht die unergründlichen, klugen Augen gewesen, die einen merkwürdig hellen Glanz ausstrahlten, man hätte sich vor der tiefernsten Erscheinung fürchten müssen. Sie neigte sich über die schlummernde Prinzessin und sagte:

„Mein Kind, du bist mit Gaben ausgestattet worden, die dir das Leben im rosigsten Lichte erscheinen lassen werden. Du wirst schön, klug, gut und mildherzig sein, die Menschen werden dich lieben, dir schmeicheln und dich verwöhnen; dadurch können sie aber deine Tugenden in Fehler verwandeln, wenn ich dir nicht den kostbaren Schatz schenke, dessen du bedarfst, um dich davor zu schützen. Ich bin die gesunde Vernunft; wenn du mich besitzest, wirst du stets das Gute vom Bösen, das Schöne vom Hässlichen unterscheiden können. Freilich wird dir die Welt dann nicht mehr so rosig erscheinen, aber dafür wirst du auch das höchste Gut anstreben: die Wahrheit." Sie küsste das Kind und verschwand.

Unsere Prinzessin hätte das schönste Leben auf der Welt führen können, würde sie nicht die verhängnisvolle Gabe der gesunden Vernunft besessen haben. Bei jedem Fest, das man ihr gab, bei jeder Huldigung, die man ihr darbrachte, lispelte ihr die Vernunft allerlei Dinge ins Ohr, so dass sie die Freude an nichtssagenden Vergnügungen verlor. Sie erkannte gar bald, wie selbstsüchtig, eitel und ungerecht die meisten Menschen sind und fühlte sich darob unglücklich. In solcher Stimmung eilte sie stets in den nahen Palmenwald, warf sich unter den prächtigsten Baum — den sie ihre „Friedenspalme" nannte — und träumte, wie sie die Welt besser und klüger machen, ihr den Frieden bringen könne. Ja, den Frieden, das war's, was die Welt brauchte. Die kleinen und grossen Kämpfe verrohten die Menschen, pflanzten Selbstsucht und Ehrgeiz in ihre Herzen. Wenn erst Friede, ewiger Friede herrschte, dann liesse sich's herrlich leben! Die gesunde Vernunft zeigte der Prinzessin, was der Welt not tat, aber was nützte das, wenn nicht alle Menschen es wussten!

Eines Tages lag sie wieder unter ihrer „Friedenspalme", grübelte und grübelte und hielt mit der Vernunft Zwiesprache, bis sie müde die Augen schloss. Und da geschah etwas Seltsames. Eine wundersam weiche, liebliche, leise Stimme, wie sie sie nie zuvor gehört, schlug an ihr Ohr.

„Ei, Mutter Gaea, warum verhüllst du dein Antlitz und weinst, während alles um dich her lacht? Na, warte nur, ich, deine alte Freundin, werde sofort alle deine Tränen mit meinen Strahlen aufküssen, und dann kannst du nicht mehr weinen!"

„Ach, meine liebe Sonne, du hast gut reden," entgegnete jetzt Gaea, zu ihrer Freundin emporblickend. „In deinen luftigen Höhen wohnt die Sorge nicht, aber in meinem Reich schleicht sie in den verschiedensten Gestalten umher und zerstört in einer Stunde, wozu ich Jahre gebraucht, um es zu errichten. Gar oft schon schaltest du mich ob meiner „törichten" Liebe zu dem Menschengeschlecht — aber ich kann es nicht aus meinem Herzen reissen, dieses mein Schmerzenskind!"

„Dachte ich's doch, dass das undankbare Geschlecht, welches Gott in seinem Zorne geschaffen, dir wieder Kummer bereitet! Gute, arme Gaea, gerade dir muss das herbe Los zufallen, solche Geschöpfe zu Bewohnern zu haben! Oft schon hatte ich mir vorgenommen, in anderen Bahnen zu kreisen, um all die Erbärmlichkeit, Ungerechtigkeit und Niedertracht nicht länger mitansehen zu müssen, deren deine Menschen, die sich selber die „Krone der Schöpfung" nennen, sich schuldig machen. Aber wenn ich dann deine Trauer sehe, vermag ich nicht, mein Antlitz von dir zu wenden. Du dauerst mich von Herzen, und ich senke meine goldigsten Strahlen auf dich hinab, damit wenigstens dein zweites Kind, die freie Natur, spriesse, gedeihe und dir Freude bereite!"

„Ohne deine treue Freundschaft und Hilfe wäre ich ja längst nicht mehr! Deine belebenden Strahlen richten mich auf, sind Balsam für meine Leiden. Sieh, du bist niemals Mutter gewesen und kannst daher nicht begreifen, dass ich gerade mein ungeratenes Kind am meisten liebe. Übrigens hast du stets zu hart und unnachsichtig über dasselbe geurteilt. Gar so erbärmlich und schlecht, wie du glaubst, ist es auch nicht; viele Tugenden schlummern in seinem Busen, die nur der Auferstehung harren. Blicke um dich und du

musst bewundernd anerkennen, was der menschliche
Geist geschaffen . . ."

„Aber, Gaea, Gaea, wie blind macht dich dein
Mutterstolz! Ich sage dir, der menschliche Geist
wandelt auf Irrwegen. Was haben all die grossen
Errungenschaften der letzten Jahrhunderte zu bedeuten?
Man hat Pulver und Kanonen erfunden, um sich gegenseitig besser töten zu können! Erfindungen verdrängen
Erfindungen, sind jedoch die Menschen deshalb besser?
Nein, tausendmal nein! Auf den täglichen Wanderungen
deines Erdballs um mich sehe ich gar manches, was
dir entgeht! Millionen Tränen werden vergossen,
Klagen ausgestossen, Flüche steigen zum Himmel
empor, der Stärkere unterdrückt den Schwächeren.
Wohl haben die Menschen die Kultur auf eine hohe
Stufe erhoben, aber die Verbreitung von Mitleid und
Liebe hat damit nicht gleichen Schritt gehalten. . . .
Wohin ich mich wende, überall sehe ich nur Kämpfe
und blutige Kriege. Ja, meine liebe Gaea, der Geist
deiner „geliebten Menschen" entwickelt sich auf Kosten
des Herzens."

Gaea senkte traurig das Haupt und wieder rieselten
einzelne Tropfen über ihre abgehärmten Wangen.

„Das ist's ja, was mich betrübt!" flüsterte sie bewegt. „Die Welt könnte so schön, so unübertrefflich
schön sein, wollten die Menschen mehr der Stimme
des Herzens folgen, den ungesunden Ehrgeiz, der gross
und klein verzehrt und zu den ungeheuerlichsten Ausschreitungen treibt, verbannen und an seine Stelle
wahre Brüderlichkeit setzen. . . . Hörst du das selt-

same Rollen, das meinen Leib erzittern macht, und das Knattern, welches die Luft erschüttert? Das sind die von Menschen abgehaltenen Übungen, um sich bei gegebenem Signal gegenseitig kunstgerecht ermorden zu können. „Krieg" nennen sie einen solchen Massenmord! O, wenn sie wüssten, welche Schmerzen sie ihrer Mutter Gaea mit einem solchen bereiten! Aus tausend Wunden blute ich, und wärst du nicht, die mit deinem belebenden Licht Balsam in dieselben träufelte, wie wär's mit mir bestellt?! Wunderst du dich noch, dass ich traurig bin und mein Antlitz verhülle? So lange das Gespenst des Krieges mich umdräut, kann ich mein Haupt nicht frei erheben! Erst wenn jenes aus der Welt geschafft ist, werde ich wieder aufatmen, denn dann wird auch mein Schmerzenskind aus dem wüsten Traum, der es gefangen hält, zu neuem, zu freudigem und friedlichem Leben erwachen. Aber wie werde ich dieses Gespenst los . . .?"

Die Sonne hatte ruhig und ernst zugehört, der Schmerz ihrer ältesten und liebsten Freundin ging ihr sehr nahe und sie wollte ihr gerne helfen. Nachdenklich heftete sie ihr strahlendes Auge zu Boden und dieses streifte die schlummernde Prinzessin aus Genieland.

„Merkwürdig," sagte die Sonne jetzt und ihr ganzes Gesicht lachte vor Freude, „dass wir nicht schon längst auf diese Idee gekommen sind! Die hier soll uns helfen. Sieh dir doch das prächtige Weib an! Schönheit, Güte, Klugheit, Energie und vor allem gesunde Vernunft sind ihr zu eigen. Sie ist ein Kind

aus Genieland und hat daher die Macht, auf die Herzen
und Geister der Menschen zu wirken. Bis jetzt schlummert der Drang, das Gute zu wollen, das Böse und
Niedrige zu verabscheuen, unbewusst in ihr. Dieser
Drang ihres Herzens soll unter meinem Kuss zur Tat
erwachen. Was weder deinen stummen Klagen, noch
meinem bittern Groll gelungen, dieses holde Wesen
soll uns durch den Zauber und die Macht ihres Geistes
und ihrer Zunge das böse Gespenst „Krieg" aus der
Welt schaffen!"

„Ich glaube nicht, dass ihr das gelingen wird,"
meinte Gaea kleinlaut. „Bedenke doch, sie ist nur
ein schwaches Weib."

„Ei wirklich? Nur ein schwaches Weib?! So
schlecht kennst du deine Menschen, dass du nicht
weisst, wie stark gerade ein Weib sein kann, wenn
es ein bestimmtes Ziel vor Augen hat, das es erreichen will? Ich sage dir, nur ein Weib vermag
uns von dem Gespenst zu befreien! Nur ein Weib
ist imstande, durch zähes Festhalten an den einmal
gefassten Ideen Feinde aus dem Felde zu schlagen
und all den Hohn und Spott auf sich zu nehmen, den
die verblendeten Menschen anfangs auf sie schleudern
werden. Das mutige Beispiel dieses Weibes wird auch
ihre Mitschwestern anspornen, für eine Sache zu kämpfen,
zu deren Trägerinnen sie in erster Reihe berufen sind.
Wenn Frauen die Friedensfahne erheben und Rekruten
für sie werben, ist die Sache so gut wie gewonnen!
Gaea, blicke froh in die Zukunft! Dein Traum —
der ewige Friede — wird in Erfüllung gehen . . . . .

Doch ich habe schon zu lange mit dir geplaudert, ich darf nicht länger säumen, und auch du musst nach deinen Geschäften sehen!" — .. — — — — —
— — — — — — — — — — — — — — — —

Die Prinzessin aus Genieland schlug die Augen auf. Eine angenehme Dämmerung umhüllte sie, die Sonne sank eben im fernen Westen unter. Die Prinzessin blickte verwundert um sich. Hatte sie geträumt und das Gespräch zwischen Sonne und Erde im Traume gehört? Aber wenn es nur ein Traum war, weshalb fühlte sie jenes eigentümliche Drängen in ihrem Herzen, das böse Gespenst „Krieg" zu bezwingen? Nein, nein, es war kein Traum! Und leise flüsterte sie:

„Ich werde nimmer ruhen und rasten können, bis —" da raschelte etwas in ihrem Baum und ein frisches Palmenblatt fiel ihr in den Schoss — „ja, bis ich die Friedenspalme zum Lieblingsbaum der ganzen Welt gemacht haben werde!"

Bibliographisches.

I. Grössere allgemeine Arbeiten über Bertha von Suttner.

Bertha von Suttner. Von Georg Brandes: „Illustreret Tidende", 13. I. 91.

Madame la baronne de Suttner. Par Albert Lefaivre: „La Quinzaine".

The Woman who moved the Czar: „The Young Woman", April 1899. (London.)

Bertha von Suttner. Von Leopold Katscher: „Kürschners Universal-Redakteur", 16. II. 99.

Oxymoron. Von Balduin Groller: „Neues Pester Journal", 29. VI. 00.

Baronin von Suttner: „Welt-Chronik", Bern, 12. II. 98.

War and Peace. By Leopold Katscher: „The Free Review", Juli 1895. (London.)

Eine Kämpferin für Humanität und freies Denken: „Freidenker", Milwaukee.

Bertha von Suttner. Von Paul Robran: „Die Frau", Berlin.

Weltfrieden: „Wiener Bilder", Nr. 46.

Bertha von Suttner. Von J. J. David: „Wiener Mode".

Bertha von Suttner. Von Paul Dobert: „Zur guten Stunde", X. Band, Nr. 14.

Berta de Suttner: „L'Illustrazione Italiana".

Bertha von Suttner. Von S. W—m: „Freie Bildungsblätter", November 1898.

Bertha von Suttner. By Leopold Katscher: „War against War", 3. III. 99. (London.)

Madame Prokrustes: „Magyar Géniusz", 20. IX. 96. (Budapest.)

Baronin Bertha von Suttner. Von J. V. E. Wundsam: „Der Friede", Bern.

Bertha von Suttner: „Wiener Sonn- und Montags-Zeitung", 14. IX. 91.

Ein Besuch bei Bertha von Suttner. Von Siegfried Fleischer: „Die Welt", Berlin, 24. XII. 91.

Meine Begegnung mit Bertha von Suttner. Von Gräfin Hedwig Pötting: „Wiener Allgemeine Zeitung", 8. IX. 93.

Bertha von Suttner. Von Lina Morgenstern: „Deutsche Hausfrauen-Zeitung", 8. VIII. 97.

Suttner Berta bárónö: „Magyar Bazár", 24. XII. 95.

Bertha von Suttner. Von Irma von Troll-Borostyáni: „Frauenberuf", Mai 1889.

Bertha von Suttner. Von Ernst Brausewetter: „Meisternovellen deutscher Frauen".

Bertha von Suttner. Von Rudolf Lothar: „Moderne Rundschau", Wien, April 1891.

La baronne Berthe de Suttner: „Le Courrier Diplomatique", Rom, 23. VI. 92.

Bertha von Suttner. Von Prof. Ludwig Fleischner: „Freie Bildungsblätter", Juni 1893.

Bertha von Suttner. Von L. Hörmann: „Lechners Mitteilungen", Wien, September 1892.

Suttner Berta: „Pesti Hirlap", 13. XII. 95.

Suttner báróné: „Magyar Ujság" — Budapest, 13. XII. 95.

Ein Besuch bei Baronin Suttner. Von „Reporter": „Budapester Tagblatt", 14. XII. 95.

Egy béke-apostol. Von L. Ö. Keleti: „Jókai", Budapest, 15. XII. 95.

Bertha von Suttner. Von Heinrich Glücksmann: „Die Presse", Wien, 9. VI. 93.

Bertha von Suttner. Von B. von Carneri: „Neue Freie Presse".

Bertha von Suttner. Von Josef Ettlinger: „Berliner Neueste Nachrichten".

Baronessa Berta de Suttner: „La Libertà e la Pace", Palermo, März 1897.

Herbstlaub im April. Von Leopold Katscher: „Der neue Mensch". Dresden, Mai-Juni 1900.

A Philosopher of Pity. By Leopold Katscher: „The Reformer", September 1900.

The Baroness Suttner: „Gentlewoman", London.

Um ein Buch. Von Gräfin Hedwig Poetting. („Kürschners Bücherschatz".) Berlin, Hillger, 1901.

II. Bücher und Broschüren von Bertha von Suttner.

(Mit wenigen Ausnahmen in E. Piersons Verlag, Dresden und Leipzig, erschienen.)

Inventarium einer Seele. 3. Auflage.

Ein Manuskript. 3. Auflage. — Auch in dänischer Übersetzung erschienen.

Verkettungen. 2. Auflage.

Schriftsteller-Roman. 3. Auflage.

High-life, Roman. 3. Auflage. — In französischer Übersetzung bei Ollendorff in Paris erschienen.

Ein schlechter Mensch, Roman. 2. Auflage. — Auch ins Schwedische übertragen.

Daniela Dormes, Roman. 2. Auflage.

Erzählte Lustspiele, Neues aus dem High-life. 3. Auflage.

Das Maschinen-Zeitalter, Zukunfts-Vorlesungen. 3. Auflage.

Die Waffen nieder! Eine Lebensgeschichte. 31. Auflage. Illustriert. — Von Gräfin Hedwig Pötting unter dem Titel „Marthas Tagebuch" für die Jugend bearbeitet. — Übersetzungen: Zwei französiche, fünf russische, je eine italienische, englische, schwedische, dänische, holländische, schweiz-romanische, böhmische, polnische, hebräische.

La Traviata, Riviera-Roman. 2. Auflage. (Dänisch bei Mansas in Kopenhagen erschienen.)

Es Löwos, eine Monographie. 2. Auflage.

Phantasien über den „Gotha", Novelletten.
Trente-et-Quarante, Spieler-Roman.
Eva Siebeck, Roman. 3. Auflage.
Die Tiefinnersten, Roman.
Hanna, Roman.
Vor dem Gewitter, Roman. 2. Auflage.
Schmetterlinge, Novelletten nnd Skizzen. 2. Auflage.
Einsam und arm, eine Lebensgeschichte. Zwei Bände. 2. Auflage.
Die Haager Friedenskonferenz, Tagebuchblätter. 2. Auflage.
An die Kaiser, Könige und Potentaten!
Schach der Qual! Ein Phantasiestück. 5. Auflage.
Doktor Helmuths Donnerstage, Vorträge.
Krieg und Frieden, Vortrag. München 1900.
Krieg und Frieden! Erzählungen, Aphorismen und Betrachtungen von Bertha von Suttner. Zusammengestellt und herausgegeben von Leopold Katscher. Berlin 1896, Rosenbaum & Hart.
Im Berghause, Novelle. (Alb. Goldschmidts Verlag.)
Die andere Glocke, Kommentar zu Graf Bülows Flottenrede.
Kuikuk, Novelle. („Kürschners Bücherschatz".)

Anhang.

X: Der Kaiser von Europa, Friedensroman. Übersetzt von Bertha von Suttner.

Fontana: Nabucco, Trauerspiel. Übersetzt von Bertha von Suttner.

Frühlingszeit. Prachtwerk mit Beiträgen von fünfzig deutschen Schriftstellerinnen, herausgegeben von Bertha von Suttner.

Die Waffen nieder! Monatsschrift, herausgegeben von Bertha von Suttner.

Dazu kommen jene zahlreichen wertvollen und gediegenen grösseren Aufsätze, die nicht in Buchform, sondern nur in hervorragenden Zeitungen oder Zeitschriften erschienen sind, namentlich in der „North American Review", der „Revue des Revues", der „Revue Contemporaine", der „Revue des Finances", der „Neuen Freien Presse", der „Frankfurter Zeitung", dem „Neuen Wiener Tagblatt", der „Deutschen Revue", der „Ethischen Kultur". Besonders bemerkenswert waren die Aufsätze über J. von Bloch, Alfred Nobel, W. T. Stead, über das Luzerner Kriegs- und Friedensmuseum, über die Organisation der Interparlamentarischen Friedens-Union und die des Haager Schiedshofes, endlich die Artikel „Zehn Jahre Friedensbewegung", „In der Brandung", „Pro Armenia", „Offener Brief an Wilbrandt".

www.ingramcontent.com/pod-product-compliance
Lightning Source LLC
Chambersburg PA
CBHW030556230426
43661CB00054B/2163